Juegos de Lectura
LECTURA EFICAZ

PERRO VERDE

¿A QUÉ JUGAMOS?

2

SALIDA

3

Las reglas del juego

PASO **1** Leed el texto y observad atentamente la cubierta y la contracubierta de vuestro libro *Perro Verde (1. Humor de perros).*

PASO **2** Leed estas pistas para saber cómo va a mejorar vuestra lectura.

LEO Y COMPRENDO   **LEO Y PIENSO**

LEO A MI ALREDEDOR   **LEO EN VOZ ALTA**

→ Comprenderé todo tipo de textos.
→ Organizaré mis ideas.
→ Leeré mejor en voz alta.

CONOZCO LA LENGUA

→ Aprenderé el significado de las palabras y cómo emplearlas.

ENTRENO MI VISTA

→ Sabré concentrarme mejor.

ENTRENO MI MEMORIA

→ Reforzaré mi memoria visual.

ESCUCHO Y COMPRENDO

→ Comprenderé mejor las lecturas que escucho.

¿Qué necesitas?
→ Fichas de color para cada jugador.
→ Un dado.

¡ME GUSTA LEER!

PERRO VERDE
ÁLVARO NÚÑEZ · ALBERTO DÍAZ
1. Humor de perros

1 ¿Qué tienen en común, y llama la atención, el niño que protagoniza la historia y su mascota?

CONTRACUBIERTA

2 ¿Cómo se llama el protagonista?

3 ¿Cómo son las notas que saca Lolo en el colegio?

4 ¿Cómo se le vuelve la vida un día al niño?

5 ¿De qué está harto el protagonista de la historia?

PASO **3** Tapad las pistas con una hoja de papel.

PASO **4** Organizaos en grupos de 3 o 4 participantes. Uno de vosotros arbitrará el juego y dirá si las respuestas son válidas.

PASO **5** El primer jugador tira el dado y avanza las casillas que indique (puede iniciar el juego el participante que saque el número más alto).

PASO **6** ■ Si cae en una casilla vacía, pierde la vez.
■ Si cae en una casilla con círculo de color, tiene que explicar en qué le ayudará este tipo de actividad.
■ Si cae en una casilla numerada, contestará a la pregunta sobre la cubierta y la contracubierta.

PASO **7** ■ Si aciertas, adelantas una casilla.
■ Si fallas, retrocedes dos casillas y pasas el turno a otro jugador.

PASO **8** Gana quien llegue primero a la meta.

JUEGO 1

LEE EN SILENCIO

Puedes consultar el libro las veces que lo necesites

¡Empezamos!

Lee los capítulos 1, 2 y 3 y, después, realiza las actividades.

→ **¿Qué espera impaciente toda la clase?**

a La hora del recreo.
b Ver la voltereta lateral.
c El día en que comienzan las vacaciones.

→ **¿Quiénes son Dani y Fran?**

a Los amigos de Lolo.
b Los vecinos de Lolo.
c Dos niños de otro colegio.

→ **¿Quién le gusta a Lolo?**

a La profesora de Lengua.
b Una alumna inglesa.
c Margarita.

→ **Al abrir los ojos Lolo se da cuenta de que…**

a se había desmayado.
b tenía los cordones desabrochados.
c estaba en la cama.

→ **¿Qué huele Lolo?**

a Una colonia nueva.
b La tostada y el colacao del desayuno.
c La tierra húmeda al empezar a llover.

→ **Al mirarse en el espejo, Lolo ve que…**

a su pelo se ha vuelto verde.
b lleva un ojo morado.
c no puede sonreír.

→ **Numera del 1 al 4 estas situaciones según se suceden.**

☐ La madre pregunta por el *tupper* que había en el fregadero.
☐ En la cocina, la madre de Lolo grita y el padre llora.
☐ Los gritos y llantos cesan y todo se queda en silencio.
☐ Colás, el perro, se ha vuelto verde como el pelo de Lolo.

→ **Lee las siguientes afirmaciones y diferencia las que son opinión (O) o un hecho (H).**

	O	H
Lolo dice que ha debido dormir en mala postura y que por eso lleva el pelo así.	☐	☐
Los alumnos ponían caras raras al ver el pelo de Lolo.	☐	☐
Lolo piensa que el gol de Dani será el primero de muchos.	☐	☐
El timbre sonó avisando del final del recreo.	☐	☐
En el comedor, en lugar de macarrones, sirvieron lentejas.	☐	☐

Juega con las palabras

Busca cada palabra en la página indicada del libro. Lee el párrafo en el que está para deducir su significado.

→ **Escribe el número de cada palabra junto a su significado.**

1. **hondo** (página 7)
2. **impaciente** (página 7)
3. **lateral** (página 7)
4. **flipar** (página 7)
5. **récord** (página 9)
6. **arándanos** (página 11)
7. **jauría** (página 13)
8. **civilizadas** (página 19)
9. **berrear** (página 25)
10. *look* (página 25)

☐ Fruto redondo, azulado, dulce y comestible.
☐ Situado al lado de una cosa.
☐ Quedar maravillado o admirado.
☐ Aspecto de las personas o de las cosas.
☐ Llorar o gritar desaforadamente.
☐ Que se comportan de manera correcta.
☐ Profundo, intenso.
☐ Conjunto de perros.
☐ Que no tiene paciencia, ni sabe esperar.
☐ Mejor resultado en el ejercicio de un deporte.

→ **Rodea los arándanos.**

→ **Señala los enunciados en los que la palabra resaltada se usa correctamente.**

☐ La **jauría** de palomas volaba muy bajo.
☐ Su nuevo *look* le favorecía, parecía más joven.
☐ Le gustaba **flipar** la flauta y no lo hacía mal.
☐ Era **impaciente** en todo, no sabía esperar.
☐ Apaga el móvil clicando el botón **lateral** derecho.

→ **Elige una palabra de la actividad anterior de la que no conocías su significado o te parezca difícil. Escribe una oración con ella.**

Palabra: _____

Oración: _____

Palabras clave

Lee el texto y elige las dos palabras que consideres más importantes para resumirlo.

> La cara de mis padres en aquel momento era un poema. Uno y otro miraban en todas las direcciones de la cocina como si quisieran evitar por todos los medios mirarnos directamente a Colás y a mí.

➡ **He elegido las palabras...**

_____ : porque _____

_____ : porque _____

Encaja las piezas

Elige un grupo de palabras de cada columna y forma seis oraciones. Escríbelas debajo.

Solo	y	vais a dejar	en casa.
Entro al baño	Colás	me entra	la cara.
Mis padres	a hablar	y trabajan	del domingo.
¡No	de verla	del partido	esas lentejas!
Nos pusimos	son científicos	se había	un sudor frío.
Nuestro perro	me digáis que	me lavo	vuelto verde.

1 _____

2 _____

3 _____

4 _____

5 _____

6 _____

Letras repetidas

Escribe las tres letras que se repiten en cada grupo.

K	B	H	V
A	E	T	L
O	Z	K	S
N	V	Ñ	A

....

A	B	D	Q
G	L	K	I
J	C	H	C
Q	F	B	E

....

Q	Ñ	W	Ñ
N	E	R	M
T	Y	N	U
O	M	P	A

....

M	B	N	V
D	C	P	X
Z	A	D	S
P	F	G	B

....

F	G	J	H
Ñ	Y	L	K
Z	X	F	C
J	V	B	Y

....

D	R	G	U
S	F	Y	E
C	E	H	J
G	V	S	M

....

¿Qué sabes de la lectura en voz alta?

Indica si cada una de estas afirmaciones es verdadera (V) o falsa (F).

	V	F
Cuando se lee para uno mismo, se utiliza una lectura silenciosa.	☐	☐
Cuando se lee para los demás, se lee en voz alta.	☐	☐
Antes de leer en voz alta, es mejor no preparar el texto en silencio.	☐	☐
Cuando se lee para uno mismo, la postura no importa.	☐	☐
Para evitar los nervios, lo mejor es taparse la cara con el libro.	☐	☐
Hay que mirar a los oyentes, captar su atención.	☐	☐
Los nervios se evitan preparando antes bien la lectura.	☐	☐
Lo más importante al leer en voz alta es que entiendan tu mensaje.	☐	☐
La velocidad, el volumen, la pronunciación…, hay que entrenarlas.	☐	☐
Cuando lees en voz alta no sirve de nada adelantarse al texto.	☐	☐

➡ **Compara tus respuestas con las de tus compañeros y compañeras.**

Solo con los ojos

Lee las palabras de cada etiqueta de un solo golpe de vista.

Había un pequeño detalle que diferenciaba aquella mañana del resto de mañanas. Y, cuando digo «pequeño», en realidad quiero decir que el problema era del tamaño de Colás: ni más ni menos. Y es que, Colás, nuestro perro, esa mañana había aparecido en la cocina ¡de color verde!

➜ **¿Cuál era el problema al que se refiere?** _____

Lee cada pareja de palabras fijando la vista en el punto.

salto	● señal	verde	● ojos	cara	● cola
vida	● país	pelo	● loco	clase	● verde
grifo	● verde	garaje	● mochila	balón	● oreja
metro	● grito	padres	● poema	nariz	● plato

➜ **¿Qué palabra se repite tres veces?** _____

Busca, en las columnas del mismo color, parejas de palabras que son diferentes. Subráyalas en las columnas 3 y 4.

1	2	3	4
sudor	coche	pudor	coche
récord	gafas	récord	gatas
salto	lateral	salto	lateral
pista	cinco	pasta	circo
planeta	verde	planeta	verde
timbre	nota	timbre	nata
cama	balón	cama	balón
oreja	fútbol	oveja	fútbol
toalla	racha	toalla	racha
pelo	menú	peto	menú

➜ **Responde rápidamente. En las columnas 1 y 2...**

- ¿En cuántas palabras aparecen a la vez las letras **e** y **o**?
- ¿Cuántas palabras contienen dos veces la **a**?
- ¿Cuántas palabras empiezan por **r**?

Menú escolar

Lee este menú atentamente y realiza las actividades.

Febrero

Lunes 1	Martes 2	Miércoles 3	Jueves 4	Viernes 5

- Puré de verduras
- Tortilla de patatas
- Mandarinas o yogur
	- Sopa de letras
	- Pollo asado
	  con patatas
	- Plátano
		- Lentejas
		- Filete de merluza
		- Flan
			- Arroz cubana
			- Rodajas
			  de berenjenas
			- Mandarinas
				- Ensalada
				  de garbanzos
				- Albóndigas
				- Natillas

Lunes 8	**Martes 9**	**Miércoles 10**	**Jueves 11**	**Viernes 12**

- Tallarines gratinados
- Ensalada de atún
- Pera
	- Patatas estofadas
	  con verduras
	- Tortilla de queso
	- Plátano o natillas
		- Crema de zanahoria
		- Muslitos de pollo
		  en pepitoria
		- Manzana
			- Judías blancas
			- Lomo de bacalao
			  con tomate
			- Mandarinas
				- Sopa de fideos
				- Hamburguesa
				- Yogur

Lunes 15	**Martes 16**	**Miércoles 17**	**Jueves 18**	**Viernes 19**
- Paella - Ensalada mediterránea - Plátano	- Lentejas con verduras - Costillas al horno - Plátano o natillas	- Judías verdes rehogadas - Filete empanado - Naranja	- Cocido completo - Pera o cuajada	- Macarrones boloñesa - Tortilla de atún - Pera
Lunes 22	**Martes 23**	**Miércoles 24**	**Jueves 25**	**Viernes 26**
- Lasaña de verduras - Escalope de pollo con patatas fritas - Mandarinas	- Arroz tres delicias - Trucha - Flan	- Pastel de calabacín - Sanjacobo - Manzana o cuajada	- Puré de calabaza - Salmón a la plancha - Plátano	- Lentejas - Chuletitas de cordero - Manzana

➡ **Indica si las siguientes afirmaciones son verdaderas (V) o falsas (F):**

V F

- Siempre hay dos primeros y tres segundos platos. ☐ ☐
- Siempre hay un día a la semana que puedes elegir postre. ☐ ☐
- El menú presenta los platos de todos los días del mes. ☐ ☐
- Todas las semanas hay crema o puré. ☐ ☐
- Todos los días, menos uno, hay fruta. ☐ ☐

➡ **Escribe los días del mes que puedes comer...**

- Sopa: _____
- Tortilla: _____
- Arroz: _____
- Cuajada: _____

➡ **¿Qué día disfrutarías más de la comida? ¿Por qué?**

El día _____ porque _____

_____

LEE EN SILENCIO

Puedes consultar el libro las veces que lo necesites

¡Empezamos!

Lee los **capítulos 4, 5 y 6** y, después, realiza las actividades.

➡ **¿Qué le provocan a Lolo los nervios?**

a Muchas ganas de reír.

b Ganas de hacer pis.

c Ganas de comer.

➡ **Han llamado «brócoli» a Lolo porque...**

a el brócoli y su pelo son verdes.

b su nariz tiene esa forma.

c es la verdura que más le gusta.

➡ **Lolo metió la cabeza debajo del grifo para...**

a refrescarse.

b beber agua.

c intentar alisar su el pelo.

➡ **¿Cómo se quedó Lolo en el suelo, frente a su madre?**

a En cuclillas.

b Desmayado.

c Bocabajo.

➡ **Lolo creía haberse librado de la expulsión por...**

a su expediente ejemplar.

b la amistad de su madre con la directora.

c no haber pruebas suficientes.

➡ **¿Cómo le salió a Lolo la voltereta?**

a Muy bien.

b Desastrosa.

c Al final no la pudo hacer.

➡ **Indica si las siguientes afirmaciones son verdaderas (V) o falsas (F).**

	V	F
Todos tenían un hueso y se lo lanzaban a Lolo.	☐	☐
Lolo no hablaba. ¡Ladraba!	☐	☐
Lolo tenía el pijama manchado de mayonesa y kétchup.	☐	☐
El frigorífico estaba lleno de comida.	☐	☐
Colás, el perro de Lolo, había desaparecido.	☐	☐

➡ **Numera estas situaciones del 1 al 4, según el orden en el que suceden.**

☐ Lolo le pide a Abril, la nueva alumna, su plato de lentejas.

☐ Empapelan el barrio con carteles de Colás con la frase SE BUSCA PERRO VERDE.

☐ Los alumnos solo se acercan a Lolo para burlarse de él.

☐ Lolo coloca también carteles de Colás en el colegio.

➡ **¿Qué opinas del trato que le dan a Lolo sus compañeros? ¿Qué les dirías?**

_____

_____

Juega con las palabras

Busca cada palabra en la página indicada del libro. Lee el párrafo en el que está para deducir su significado.

→ **Escribe cada palabra junto a su significado.**

- **élite** (página 29)
- **tobillo** (página 33)
- **copiloto** (página 33)
- **expediente** (página 33)
- **excusa** (página 44)
- **faldero** (página 44)
- **dignidad** (página) 45)
- **bicho** (página 47)

1. Animal pequeño; insecto. _____
2. Respeto hacia uno mismo. _____
3. Minoría selecta. _____
4. Perro pequeño. _____
5. Acompañante del piloto de un vehículo. _____
6. Conjunto de calificaciones de un estudiante. _____
7. Articulación del pie con la pierna. _____
8. Razón para evitar algo. _____

Texto numerado

Lee este texto numerado.

1. Mis padres y yo
2. sospechamos que se ha
3. escapado, asustado por si
4. le encasquetábamos lo del
5. asalto al frigorífico. Pero,
6. bueno, todos sabemos que
7. fui yo, aunque no recuerde
8. nada. Nota mental: primero
9. las lentejas y ahora el
10. calabacín. Si la profe de
11. Ciencias tiene razón con
12. eso de que «somos lo que
13. comemos», está más claro
14. que el agua que yo ya no
15. soy el Lolo de antes…
16. El caso es que al final
17. acabamos empapelando
18. todo el barrio con carteles
19. de Colás. Yo mismo elegí
20. la foto de nuestro álbum
21. familiar, la recorté e hice
22. fotocopias en la papelería
23. de la esquina. Bajo la foto
24. de Colás mirando a cámara
25. con un balón de fútbol
26. pinchado, en sus patas se
27. podía leer, escrito con
28. rotulador: «SE BUSCA
29. PERRO VERDE» y el
30. teléfono de nuestra casa.

→ **Escribe en qué línea aparecen las siguientes palabras.**

mental: _____ esquina: _____ agua: _____ barrio: _____ asalto: _____

→ **¿En qué renglones están las respuestas a estas preguntas?**

- ¿Quién sospecha que Colás se ha escapado? _____
- ¿Con qué empapelaron el barrio? _____

Verdadero o falso

Vuelve a leer el texto de la página anterior.

→ **Indica si las siguientes afirmaciones son verdaderas (V) o falsas (F).**

	V	F
Los padres sospechaban que Colás se había escapado.	☐	☐
La profesora de Mates dice que «somos lo que miramos».	☐	☐
Sacaron las fotocopias en una farmacia.	☐	☐
Empapelaron todo el barrio con carteles.	☐	☐
La profesora de Ciencias dice que «somos lo que comemos».	☐	☐
Para el cartel utilizaron un dibujo de Colás.	☐	☐
Lolo ya no era el de antes.	☐	☐
En el cartel se podía leer «Se busca perro verde».	☐	☐

En resumen

Marca el resumen que te parezca más apropiado para este texto.

> Cerré el grifo y me miré en el espejo para confirmar que mi media melena se había esfumado para siempre y que en su lugar continuaba ese estúpido y horrible matojo de color verde. En los pasillos ya había oído a algún imbécil que, por lo bajo y entre risitas, me había llamado «el brócoli». Es lo que tiene ser popular, que siempre hay algún envidioso que aprovecha cualquier ocasión para meterse con uno. «El brócoli» …

Colás se mira en el espejo y al ver su pelo de color verde, vuelve a la cama. Le horroriza ir así al colegio.

Colás comprueba en el baño que su pelo seguía siendo de color verde. Por esa razón se han reído de él, llamándolo «brócoli».

Colás se alegra de que su pelo siguiese siendo verde. Le agradaba que le comparasen con una verdura de ese color.

 **Al revés**

Relaciona las palabras de la columna A que están escritas a la inversa en la B.

	A		B			A		B
A	nervios		anelem		L	pelota		anicoc
B	atleta		ilocórb		M	cabeza		ohcib
C	examen		edrev		N	cocina		onicev
D	idea		oigeloc		Ñ	tostada		azebac
E	detalle		ellated		O	huevos		ortsar
F	melena		nemaxe		P	rastro		atolep
G	verde		ofirg		Q	vecino		augnel
H	brócoli		aedi		R	lentejas		adatsot
I	grifo		orbmosa		S	cartel		soveuh
J	colegio	A	soivren		T	lengua		sajetnel
K	asombro		atelta		U	bicho		letrac

¿Cómo pronuncias?

Practica con estos trabalenguas para mejorar tu pronunciación.

Lolo peina pocos pelos verdes, pero peina a muchos perros. Los pelos verdes que peina Lolo, no los peina cualquier peluquero.

A un perro verde en un corral lo pasean con correa verde como él, corre, corre, perro verde, corretea, corre, corre con tu verde correa.

El pelo verde está muy enredado. ¿Quién lo desenredará? El desenredador que lo desenrede buen desenredador será.

AUTOEVALUACIÓN

¿**Pronuncias** correctamente el texto para que te entiendan con claridad?

Valóralo del **1** al **10** →

1	2	3	4	5	6	7	8	9	10

Solo con los ojos

Lee el texto saltando de la nota izquierda a la derecha.

Mientras limpiaba con	la lengua lo que
quedaba del plato	de lentejas, vi que
no estaba solo.	Tenía al lado
a la nueva, que	estaba a lo suyo,
escribiendo en un	cuaderno o algo así.
La rarita de Abril.	Todo el mundo decía
que era un bicho raro.	Y quizás tenían razón,
porque sus lentejas	estaban sin tocar…
—¿No te las vas a comer?	—pregunté señalando su plato.

➜ ¿Qué decía todo el mundo de Abril? _____

Lee cada pareja de palabras fijando la vista en el punto.

empate ● penalti		pelota ● dueño		cartel ● brócoli	
paso ● baño		brócoli ● iguales		perro ● fútbol	
boca ● loca		llorar ● humor		verde ● balón	
melena ● brócoli		jamón ● beicon		recreo ● lengua	

➜ ¿Qué palabra se repite tres veces? _____

Escribe las palabras que se repiten en cada columna y cuántas veces se repiten.

A	B	C
melena	dueño	lista
penalti	enfado	chucho
taquilla	escuchar	cartel
grifo	enfado	bicho
melena	palabra	balón
abierto	pelota	plato
grifo	pijama	perro
espejo	pelota	comer
cabeza	cocina	cartel
grifo	dueño	balón
melena	patata	lengua
cabeza	pelota	perro

A _____

B _____

C _____

Lentejas con acelgas

Lee atentamente esta receta y realiza las actividades.

INGREDIENTES PARA DOS PERSONAS

- ☑ 1 bote de lentejas cocidas
- ☑ 4 hojas de acelga
- ☑ 1 zanahoria
- ☑ 1 tomate
- ☑ 1 cebolla
- ☑ 1 diente de ajo
- ☑ Medio pimiento verde
- ☑ 1 patata
- ☑ 1 hoja de laurel
- ☑ Aceite de oliva
- ☑ Pimentón dulce
- ☑ Sal

ELABORACIÓN

1. Abre el bote y vierte las lentejas en el escurridor para eliminar el líquido.
2. Pela y corta en trozos menudos la cebolla y el ajo.
3. Lava y trocea la zanahoria, la patata, el pimiento y el tomate.
4. Echa dos cucharadas de aceite de oliva y rehoga las verduras durante unos minutos a fuego medio. Remueve para que no se queme.
5. Baja la intensidad del fuego, añade una cucharada sopera de pimentón y remueve unos segundos.
6. Vierte el agua fría, sal y la hoja de laurel.
7. Lava bien las acelgas y córtalas en trozos. Añádelas a la olla.
8. Deja cocer hasta que las verduras estén tiernas.
9. Añade las lentejas y cocina a fuego lento durante cinco minutos.
10. Sirve las lentejas bien calientes.

➡ **Indica si las siguientes afirmaciones son verdaderas (V) o falsas (F).**

	V	F
La receta es para cuatro personas.	☐	☐
La cebolla se echa entera a la olla.	☐	☐
Las lentejas del bote ya están cocidas.	☐	☐
Este plato se sirve muy caliente.	☐	☐

➡ **Numera del 1 al 4 los pasos para cocinar las lentejas.**

☐ Verter el agua en la olla.   ☐ Rehogar las verduras.

☐ Añadir el pimentón.   ☐ Echar las lentejas.

➡ **¿Qué paso de la receta te parece más difícil? ¿Por qué?**

¡Empezamos!

Lee los capítulos 7 y 8 y, después, realiza las actividades.

→ **Lolo tenía ganas de que llegase el fin de semana para…**

a ir a la piscina.

b no tener clases.

c desaparecer.

d tener tiempo para leer.

e divertirse con los amigos.

→ **¿Cómo sentía Lolo que era su vida?**

a Una maravilla.

b Horrible. Una pesadilla.

c Como un partido en el que siempre ganaba.

d Un cuento de hadas.

e Estupenda. Insuperable.

→ **¿Dónde se despertó Lolo?**

a En la casa del vecino.

b En el sofá del cuarto de estar.

c Debajo de la cama.

d Sobre la alfombra.

e En el jardín.

→ **¿Cómo se lavó Lolo los dientes?**

a Con su cepillo y crema dentífrica.

b Enjuagándose la boca.

c Con los dedos de la mano.

d No se los pudo lavar.

e Con un hueso sabor clorofila para perros.

→ **Marca las tres afirmaciones que son verdaderas.**

☐ A los padres de Lolo no les preocupa lo que le pasa.

☐ En la guantera había un *tupper* de arroz con pollo.

☐ Lolo no hace ningún ruido cuando come.

☐ Los padres quieren inventar un *tupper* que mejore las propiedades de los alimentos.

☐ A Lolo no le ha gustado nada el arroz con pollo del *tupper*.

☐ Los padres siempre le decían a Lolo que no tocase nada del laboratorio.

→ **Lee las siguientes afirmaciones y diferencia las que son opinión (O) o un hecho (H).**

	O	H
Lolo piensa que sus padres no se preocupan por él.	☐	☐
Lolo no huele el rastro de su perro por ningún sitio.	☐	☐
El padre cree que estando de mal humor, no se consigue nada.	☐	☐
El coche paró en un área de servicio.	☐	☐
Los padres sospechan que Lolo y Colás están conectados.	☐	☐

Juega con las palabras

Busca cada palabra en la página indicada del libro. Lee el párrafo en el que está para deducir su significado.

➡ **Marca cuál es el significado correcto.**

● **ovillo** (página 48)

☐ Oveja recién nacida.

☐ Cosa enredada y de forma redonda.

☐ Huevo pequeño de ave.

● **fórmula** (página 54)

☐ Composición de una mezcla.

☐ Farmacia muy antigua.

☐ Recipiente para el aceite.

● **chuperretear** (página 55)

☐ Correr a mucha velocidad.

☐ Hablar muy rápido.

☐ Chupar alguna cosa.

● **rebañar** (página 55)

☐ Apurar lo que queda en el plato.

☐ Cuidar del rebaño.

☐ Preparar un baño de espuma.

● **guantera** (página 53)

☐ Bolsa para recoger los guantes.

☐ Tipo de chaqueta.

☐ Caja del salpicadero del coche.

● **nutrientes** (página 55)

☐ Con peligro de explosión.

☐ Que alimentan.

☐ Nubes que provocan lluvia.

● **simbiosis** (página 56)

☐ Fotocopia de un documento.

☐ Asociación de individuos.

☐ Baile de Brasil.

● **antídoto** (página 57)

☐ Sustancia que contrarresta los efectos de otra.

☐ Que va antes que otro.

☐ Muy antiguo en el tiempo.

Señala las oraciones en las que la palabra resaltada se usa correctamente.

☐ De primer plato sirvieron un **ovillo** con patatas.

☐ Le gusta **rebañar** los platos con un poco de pan.

☐ La **guantera** le sentaba muy bien.

☐ Nadie conocía la composición de su **fórmula** secreta.

➡ **Elige una palabra de la actividad anterior de la que no conocías su significado o te parezca difícil. Escribe una oración con ella.**

Palabra: _____

Oración: _____

Sigue las pistas

Averigua cuál es el coche del padre de Lolo.

Pistas

Lleva los faros encendidos.

Es de un solo color.

No lleva baca con maletas en el techo.

Tiene las ruedas blancas.

➡ **El coche del padre de Lolo es el número** ☐

Encaja las piezas

Ordena las palabras para formar oraciones y escríbelas debajo.

1 desperté Me sobre alfombra la.

_____

2 No falta hace laves que te los dientes.

_____

3 y yo Tu madre preocupados estamos muy.

_____

4 perro Nuestro tres lleva días aparecer sin.

_____

5 Paró coche el en área un servicio de.

_____

¡Mucha atención!

Escribe el número de veces que se repiten en cada cuadro las letras y los número indicados.

2	1	2	6	3	4
7	8	5	7	2	8
3	0	4	0	5	1
4	2	9	1	6	2
9	5	7	8	1	9
8	4	0	2	3	6

Número	Repeticiones
2	
6	
4	
8	

E	D	A	1	2	N
B	3	C	E	F	1
D	1	9	7	G	6
3	E	H	3	8	D
7	J	4	0	M	5
Z	1	D	L	1	E

Letra o número	Repeticiones
D	
1	
E	
3	

a	p	s	q	f	b
g	d	h	j	k	l
p	z	b	x	d	p
d	q	p	c	v	n
m	w	d	r	p	d
e	t	y	q	u	b

Letra	Repeticiones
p	
b	
q	
d	

¿Usas el volumen adecuado?

Lee cada línea del texto con la intensidad indicada.

grito	¿Qué clase de padres sois? Vuestro hijo
susurro	y vuestro perro se han vuelto verdes, ¿y lo único
alarido	que se os ocurre es encerraros a trabajar?
susurro	¿Me quieres explicar de una vez
normal	qué está pasando? Le pedí a mamá que me llevase
grito	a la peluquería para decolorarme el pelo ¡y se negó!
alarido	¿Te parece eso normal? Nuestro perro lleva tres días
normal	sin aparecer por casa ¡y hasta ahora
susurro	no habéis tenido tiempo
grito	de salir del laboratorio a buscarlo!

Autoevaluación

¿Has usado la **intensidad** y **volumen** adecuados para leer el texto?

Valóralo del 1 al 10

1 2 3 4 5 6 7 8 9 10

Solo con los ojos

Lee las palabras de cada etiqueta de un solo golpe de vista y contesta a la pregunta.

Nos equivocamos en algo y todavía no sabemos en qué… De todas maneras, todavía estábamos en la fase de formulación y quedaba mucho por estudiar y perfeccionar. ¡Nadie debía probarlo! ¡Nadie! ¿Cómo íbamos a imaginar que iba a suceder este accidente, que lo cogerías tú?

➔ **¿Quién podía probarlo?** _____

Lee cada pareja de palabras fijando la vista en el punto.

manos	●	padre	cara	●	papá	planeta	●	cultivo
verde	●	pelos	hueso	●	pierna	coche	●	mundo
millón	●	humor	vida	●	arroz	dos	●	día
pollo	●	hueso	ruido	●	comer	hueso	●	rastro

➔ **¿Qué palabra se repite tres veces?** _____

Busca las palabras que no se repiten y escríbelas.

sábado	boca	espalda	dientes	hueso	alfombra	camino	
dientes	orden	espalda	alfombra	comida	asalto	comida	
comida	asalto	camino	sábado	orden	dientes	arroz	

mundo	hijo	rebañar	coche	farola	alimento	volante	
farola	ruido	mundo	humor	célula	humor	pollo	
célula	hijo	asiento	pollo	rebañar	ruido	alimento	

Tinta invisible

Lee con atención este experimento y realiza las actividades.

A los padres de Lolo les ha llegado un mensaje oculto con la solución al antídoto. Suerte que saben cómo hacer que sea visible. Practica tú.

Material: limón, vaso, agua, pincel o bastoncillo, papel blanco, vela, cerillas o mechero.

PASOS QUE DEBES SEGUIR

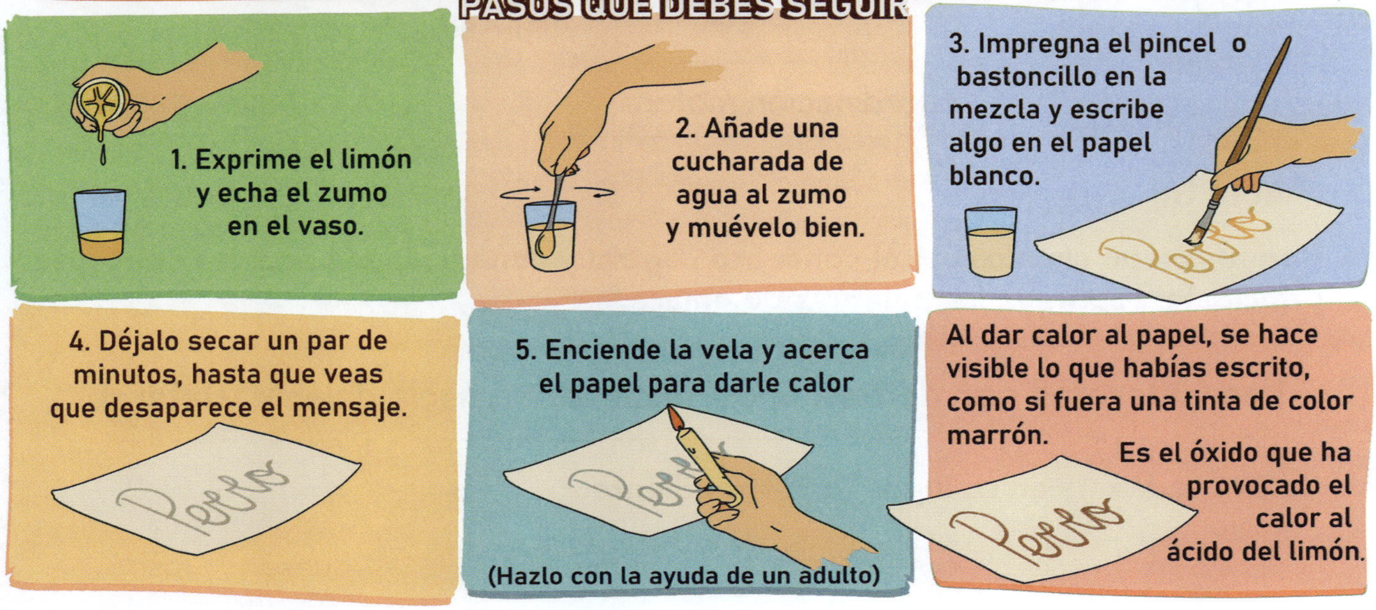

1. Exprime el limón y echa el zumo en el vaso.

2. Añade una cucharada de agua al zumo y muévelo bien.

3. Impregna el pincel o bastoncillo en la mezcla y escribe algo en el papel blanco.

4. Déjalo secar un par de minutos, hasta que veas que desaparece el mensaje.

5. Enciende la vela y acerca el papel para darle calor

(Hazlo con la ayuda de un adulto)

Al dar calor al papel, se hace visible lo que habías escrito, como si fuera una tinta de color marrón.

Es el óxido que ha provocado el calor al ácido del limón.

→ **Indica si las siguientes afirmaciones son verdaderas (V) o falsas (F).**

	V	F
• Para hacer el experimento necesito una linterna.	☐	☐
• El experimento sale bien al quemar el papel.	☐	☐
• La tinta invisible pasa a ser tinta marrón.	☐	☐
• Hay que añadir al zumo de limón agua.	☐	☐
• El color marrón se debe a la oxidación del limón.	☐	☐

→ **Numera del 1 al 5 los pasos para hacer tinta visible.**

☐ Escribir en el papel blanco.   ☐ Aplicar calor al papel.   ☐ Exprimir el limón.

☐ Dejar que seque el escrito.   ☐ Añadir agua al limón.

→ **¿Qué paso debes hacer con ayuda de un adulto?** _____

→ **¿Por qué crees que es importante comprender unas instrucciones?**

_____

Organiza las ideas

Fíjate en las palabras de este texto y dónde se colocan en el gráfico.

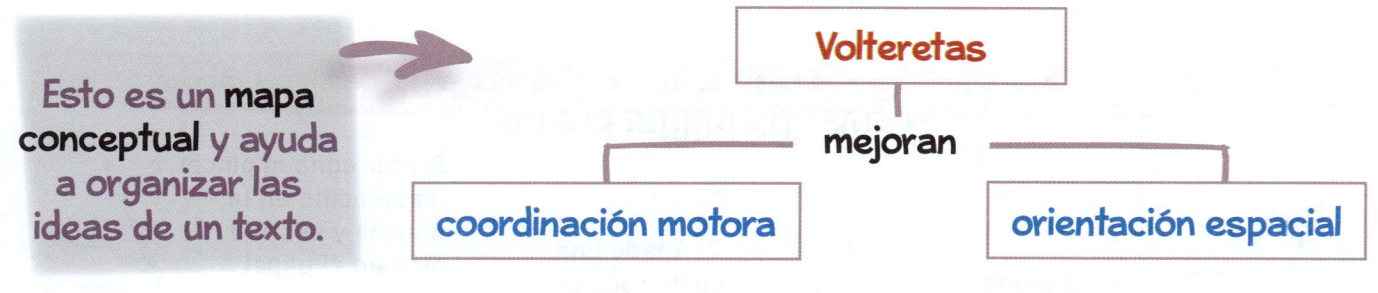

Las **volteretas** mejoran la **coordinación motora** y la **orientación espacial**.

Esto es un **mapa conceptual** y ayuda a organizar las ideas de un texto.

Volteretas

mejoran

coordinación motora

orientación espacial

¡Ahora tú!

→ Rodea con un círculo rojo el concepto central y con un círculo azul los conceptos principales. Subraya las palabras de enlace.

Las volteretas son de tres tipos: hacia atrás, hacia delante y lateral.

→ Coloca cada una en su lugar correspondiente.

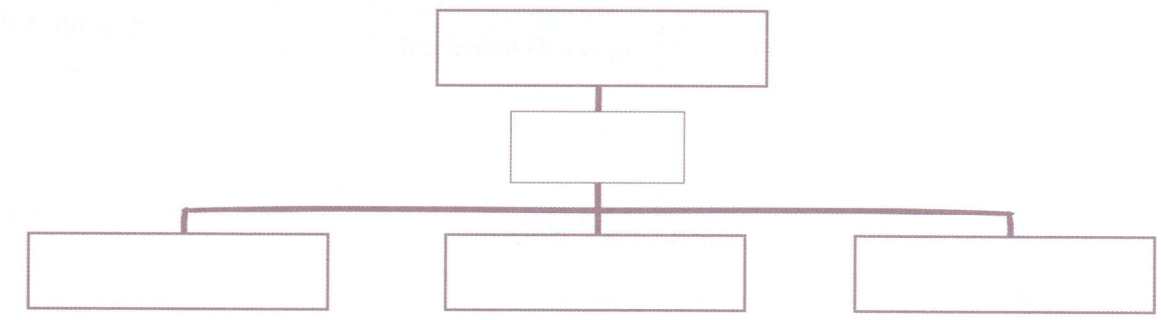

... Y al revés.

→ Escribe el texto que corresponda a las palabras del gráfico.

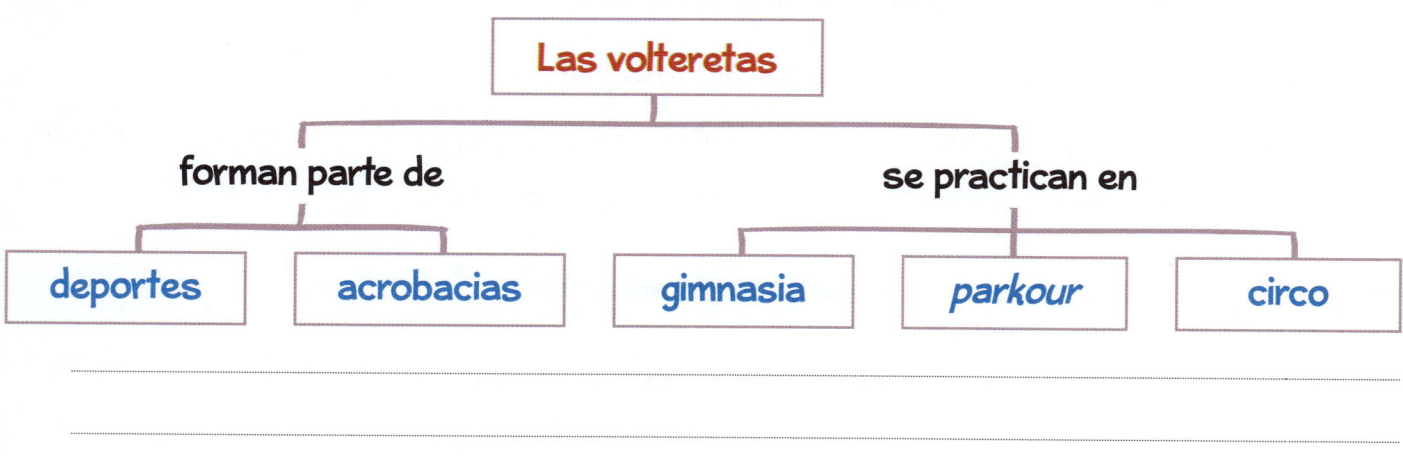

Las volteretas

forman parte de

se practican en

deportes

acrobacias

gimnasia

parkour

circo

....

....

....

¡Menudo despertar!

Presta atención al texto que vas a escuchar. Luego, realiza las actividades

El texto está en las páginas 9 a 13 del libro

→ **¿Qué le gritan Dani y Fran a Lolo?**

a ¡Menudo chapucero, Lolo!

b ¡Máquina! ¡Que eres un máquina!

c ¡Bien! ¡Pareces un canguro!

→ **¿Cómo se llama la chica que sonríe a Lolo?**

a Paquita.

b Eustaquia.

c Margarita.

→ **¿Dónde está Lolo cuando abre los ojos?**

a En la cama.

b En el gimnasio.

c En la ducha.

→ **¿Qué huele Lolo desde la cocina?**

a Judías con chorizo.

b Tostadas con mantequilla.

c Algo que se ha quemado.

→ **¿Qué ve Lolo al mirarse en el espejo?**

a Que su pelo se ha vuelto verde.

b Que su pelo se ha vuelto azul.

c Que se ha quedado calvo.

→ **¿Quién grita desde la cocina?**

a El padre de Lolo.

b Un repartidor del supermercado.

c La madre de Lolo.

→ **Marca las tres afirmaciones que son verdaderas.**

☐ No sonaba el timbre del cole, sino del despertador.

☐ Nadie aplaude a Lolo en el sueño en el que da la voltereta.

☐ El despertador de Lolo tiene forma de dinosaurio.

☐ Lolo baja a desayunar sin ir antes al baño.

☐ El único que no dice nada, ni ladra, es Colás.

☐ Al verse en el espejo, Lolo da un alarido estremecedor.

→ **Numera del 1 al 4 estas situaciones según el orden en el que suceden.**

☐ La madre de Lolo también da un alarido desde la cocina.

☐ Lolo sueña que hace una brillante voltereta frente a su clase.

☐ Lolo se despierta y se mira en el espejo del baño.

☐ Se sorprende al ver cómo su pelo es de color verde.

→ **¿Cómo sabes que la voltereta que dio Lolo la había soñado?**

_____

→ **¿Qué vio Lolo al mirarse en el espejo que le hizo dar un enorme alarido?**

_____

LEE EN SILENCIO

Puedes consultar el libro las veces que lo necesites

¡Empezamos!

Lee los **capítulos 9** y **10** y, después, realiza las actividades.

→ **¿Qué querían comparar los padres de Lolo?**

a Los precios de las verduras.
b Su ADN con el de Colás.
c Su estatura con la del año pasado.

→ **¿Qué consintió en comprar el padre de Lolo?**

a Una bolsa de palomitas.
b Una hamburguesa.
c Una bolsa de chuches perrunas.

→ **¿Qué era Mascotalandia para Lolo?**

a El paraíso.
b Un aburrimiento.
c Un lugar horroroso.

→ **¿Qué les hacía Lolo a los perros que se encontraba?**

a Acariciarlos.
b Gruñirlos.
c Perseguirlos y morderlos.

→ **¿Qué hizo Lolo para encontrar a Colás? Señala tres de las opciones.**

☐ Anunciar a Colás por la radio.
☐ Acudir a la policía.
☐ Buscar un lugar en el que pueda ver el fútbol.
☐ Mirar en los sitios a los que solía ir.
☐ Olfatear las farolas.

→ **Marca las dos afirmaciones que son verdaderas.**

☐ Lolo pidió dos bocadillos de oreja a la plancha en un bar.
☐ El camarero les cobró el doble de lo que costaba todo.
☐ Encontraron a Colás frente a un escaparte, viendo la televisión.
☐ A Colás no le gusta el fútbol.

→ **Numera del 1 al 5 estas situaciones según el orden en el que suceden.**

☐ Encuentran a Colás frente a una tienda de electrodomésticos.
☐ Sospechan que Colás puede estar viendo el partido de fútbol.
☐ Lolo y su padre entran en un bar para ir al baño y comer algo.
☐ Lolo bebe agua en una palangana.
☐ Lolo se come dos bocadillos y su padre unas aceitunas.

→ **¿Qué pensarías si vieses a un niño comportándose como lo hace Lolo?**

_____

Juega con las palabras

Busca cada palabra en la página indicada del libro. Lee el párrafo en el que está para deducir su significado.

➜ **Relaciona cada palabra con su significado.**

1 **ADN** (página 58)

2 **pequinés** (página 61)

3 **estratégicos** (página 62)

4 **barra** (página 64)

5 **palangana** (página 65)

6 **anonadado** (página 65)

7 **sorber** (página 66)

8 **despiste** (página 67)

9 **corazonada** (página 69)

10 **panorámico** (página 69)

Abrumado, muy desconcertado.

Que muestra una imagen con un gran campo visible.

Vasija en forma de taza de gran diámetro y poco profunda.

Material genético de las células.

Sensación de que algo que va a suceder.

Raza de perro de pequeño tamaño.

Distracción, olvido.

Beber aspirando.

Mostrador de un bar.

Dicho de un lugar, que es de gran importancia.

Sopa de letras

Busca las palabras de la nota en la sopa de letras. Pueden estar en cualquier sentido.

farola	oreja
pelota	palangana
baño	partido
bar	escaparate
barra	pelo
chuches	televisor

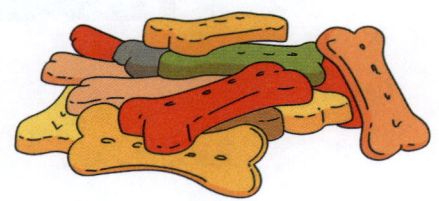

T	F	A	R	O	L	A	S	O	P
E	L	C	H	U	C	H	E	S	A
L	A	B	B	O	P	U	E	D	L
E	T	A	A	O	C	O	A	M	A
V	O	R	R	Ñ	U	N	J	I	N
I	L	R	C	A	O	R	E	M	G
S	E	A	E	C	O	N	R	T	A
O	P	A	R	T	I	D	O	U	N
R	H	I	F	O	P	E	L	O	A
E	T	A	R	A	P	A	C	S	E

➜ **Junta las letras que sobran y sabrás lo que dijo Colás:**

A ver si recuerdas

Tacha las diez palabras que no estaban en la sopa de letras anterior.

farola	bicicleta	avión	satélite	pelo
baño	palangana	chuches	partido	ordenador
gato	escalera	bar	tormenta	barra
escaparate	sendero	paracaídas	televisor	ratón

En clave

Lee el texto y elige las dos palabras que consideres más importantes para resumirlo.

> Allí estaba: en frente del escaparate de Televisión, una tienda de electrodomésticos del centro de la ciudad. Sin perder detalle de un televisor panorámico encendido que estaba retransmitiendo el partido del Oliva, ¡estaba Colás!

→ **He elegido las palabras...**

.... : porque ....

.... : porque ....

→ **Sin volver a leerlo y usando las palabras elegidas, resume el texto al resto de la clase.**

☀ ¡Mucha atención!

Observa el recuadro y responde lo más rápido que puedas.

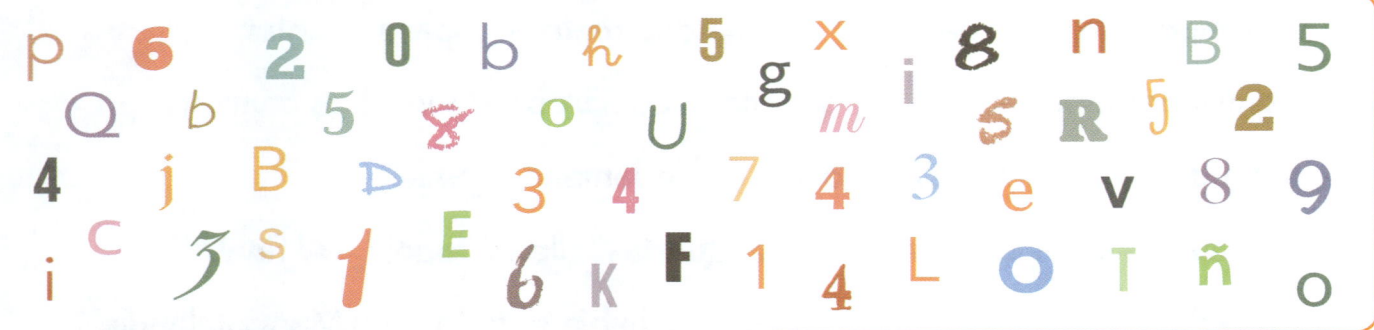

➡ **¿Qué vocal falta?** ....

➡ **¿Qué números se repiten tres veces?** ....

➡ **¿Qué letra se repite cuatro veces?** ....

➡ **¿Qué número no se repite?** ....

➡ **¿Qué vocal solo aparece una vez?** ....

● ¿Cuidas la velocidad?

Prepara la lectura en silencio. Luego lee en voz alta.

➡ **Debes leer muy rápido las palabras en negrita y muy despacio, las subrayadas.**

Teníamos <u>que encontrar a Colás</u> **costase lo que costase.** Para que mis padres <u>diesen con el antídoto</u>, necesitábamos muestras **de nuestro perro.**
<u>Sin darme cuenta, mientras dormía</u>, mis padres ya habían cortado **un mechón de mi pelo** para estudiarlo, pero, aunque <u>habían pasado mil horas en el laboratorio,</u> **no habían llegado todavía a nada.** Necesitaban comparar mi ADN <u>con el de Colás para intentar</u> sacarnos de este lío.
Si algo estaba claro era que cada <u>minuto que pasaba</u> me comportaba <u>más como un perro verde</u> que como **un ser humano.**

AUTOEVALUACIÓN

¿Tu **velocidad lectora** es la adecuada para que tu mensaje se escuche con claridad?

Valóralo del 1 al **10** ➡

| 1 | 2 | 3 | 4 | 5 | 6 | 7 | 8 | 9 | 10 |

Solo con los ojos

Lee las palabras de cada etiqueta de un solo golpe de vista.

Era imposible   no pararme   cada dos metros   para intentar

convencer a mi padre   de que me   comprase algo.   Las camas,

los juguetes,   ¡hasta las bolsas   de tamaño gigante

de piensos compuestos!   ¡Me lo quería   llevar todo!   Al final,

mi padre comprendió   que Colás   no había estado   en Mascotalandia.

➡ **¿De qué quería convencer Lolo a su padre?**

_____

Lee cada pareja de palabras fijando la vista en el punto.

mechón	●	humano	loco	●	cara	
chucho	●	farola	pelota	●	diente	
cojín	●	bolsa	árbol	●	barra	
banco	●	perro	oreja	●	chucho	

mosca ● chucho
pecho ● plancha
codo ● salón
tienda ● ciudad

➡ **Qué palabra se repite tres veces?** _____

¿Cuántas veces ser repite la primera palabra de cada serie?

barra	barro, berza, banca, barra, bata, barra, borro, baza, barra, barro, burro, barra, birra, berza, barra, banca, bata, barra, borro, barro, barra, burro, birra, berza, barra, barra, borro.	☐
loco	boca, loco, coco, loca, loco, foco, roca, toco, loco, laca, licra, loco, losa, loto, liso, loco, poco, boca, loco, coco, loca, loco, foco, roca, toco, laca, licra, loco, losa, loto.	☐
cara	caro, cara, coro, cera, cana, cara, cama, cata, cara, capa, casa, cara, caja, cena, coto, cara, caro, coro, cara, cera, cana, cama, cara, cata, capa, cara, casa, cara, caja, cena.	☐
pelo	pala, polo, pelo, pila, pelo, pela, pito, pelo, celo, reto, seto, pelo, peto, pala, polo, pelo, pila, pela, pelo, pito, pelo, celo, reto, pelo, seto, peto, pelo, pala, polo, pila.	☐

Un cartel informativo

Lee el cartel de un taller de adiestramiento canino y realiza las actividades.

TALLER DE ADIESTRAMIENTO CANINO

EL PERRO VERDE

Instalaciones: a 15 minutos de la ciudad.

Edad de la mascota: a partir de los tres meses.

Información: info@elperroverde.com

PROGRAMA QUINCENAL
(INTERNADO EN EL CENTRO)

🐾 Alojamiento y educación del perro.

🐾 Formación dirigida a los dueños.

🐾 Tratamiento de los problemas de conducta.

Podrás ver a tu perro en horario de visita y online a través de la web.
www.elperroverde.com

TU PERRO APRENDERÁ A...

🐾 No ser agresivo con personas y otros perros.

🐾 Cumplir órdenes sencillas (sentarse, tumbarse...).

🐾 Controlar el paso a tu lado.

🐾 Acudir a tu llamada.

➡ **Indica si las siguientes afirmaciones son verdaderas (V) o falsas (F).**

	V	F
Si el perro tiene dos meses, no puede realizar el taller.	☐	☐
Las instalaciones están a una hora de la ciudad.	☐	☐
Los dueños de los perros reciben charlas informativas.	☐	☐
La empresa se llama «El perro rosa».	☐	☐
El taller tiene una duración de quince días.	☐	☐

➡ **¿Cómo puedes informarte mejor sobre el taller?**

☐ Teléfono.　　☐ Wasap.　　☐ Correo electrónico.　　☐ Entrevista personal.

➡ **¿Cómo pueden ver los dueños a sus perros?**

....

➡ **¿Qué aprenderá tu perro en el taller?**

☐ Obediencia.　　☐ Paseos.　　☐ Natación.

☐ Tranquilidad.　　☐ Lectura.　　☐ A acudir a las llamadas.

LEE EN SILENCIO

Puedes consultar el libro las veces que lo necesites

¡Empezamos!

Lee los **capítulos 11 y 12** y, después, realiza las actividades.

➔ **¿Con quién estaba Colás en el escaparate?**

a Con dos perros más que conocía.
b Con una persona mayor y una pareja.
c Con un joven.
d Con diez personas que miraban la televisión.

➔ **¿Qué quería hacer Colás?**

a Seguir viendo el partido.
b Volver a casa.
c Ir al colegio.
d Estar un rato en el parque.

➔ **Cuando llegó Lolo, ¿cómo iba el partido?**

a Cinco a uno.
b Tres a dos.
c Dos a tres.
d Dos a dos.

➔ **¿Qué ocurre si paran el penalti?**

a Que pierden.
b Que ganan.
c Van a la prórroga.
d No cambia el resultado final.

➔ **¿Qué hizo el viejecito con su bufanda?**

a Tirarla al aire.
b Se la puso al cuello a Colás.
c Romperla.
d Regalarla al primer niño que pasó.

➔ **¿Cómo acabó el partido?**

a Perdiendo 2 a 4.
b Empatando 1 a 1.
c Ganando 3 a 2.
d No se sabe. Faltaba la prórroga.

➔ **Al finalizar el partido cantaron el himno del...**

☐ Bayern de Múnich. ☐ Oliva. ☐ Manchester United. ☐ Almendra.

➔ **¿Qué hizo Colás cuando Lolo le propuso chocar los cinco?**

_____

➔ **Colás recomienda las chuches de barbacoa. ¿Cómo dice que son?**

_____

➔ **¿Qué le preguntarías a una mascota tuya si pudiera hablar?**

_____

_____

Juega con las palabras

Busca cada palabra en la página indicada del libro. Lee el párrafo en el que está para deducir su significado.

→ **Marca la definición correcta.**

● **escaparate**
(página 69)

☐ Espacio acristalado exterior de las tiendas.
☐ Túnel preparado para escapar sin ser visto.
☐ Espacio de las tiendas para descansar.

● **energúmeno**
(página 70)

☐ Relativo a la energía.
☐ Tipo de mamífero de grandes dimensiones.
☐ Persona furiosa, alborotada.

● **jopé**
(página 72)

☐ Familiarmente, José.
☐ Se usa para expresar enfado o asombro.
☐ Tipo de chimpancé.

● **talismán**
(página 75)

☐ Objeto al que se le atribuyen poderes mágicos.
☐ Mineral que atrae al hierro.
☐ Persona intransigente.

● **correa**
(página 77)

☐ Calle que divide un circuito de atletismo.
☐ Tira de cuero para llevar atado a un animal.
☐ Espacio del escenario destinado al coro.

● **retrovisor**
(página 79)

☐ Que tiene facilidad para recordar y ver el pasado.
☐ Pequeño espejo del coche para ver lo que está detrás.
☐ Sistema óptico de las cámaras fotográficas.

→ **Completa las oraciones con palabras de la actividad anterior.**

● ¡_____! Nunca me hubiera imaginado lo que me dices.

● Los maniquíes de aquel _____ parecía que tenían vida.

● Si no llevase a mi perro con una _____, seguramente se escaparía.

→ **Elige una palabra de la actividad anterior de la que no conocías su significado o te parezca difícil. Escribe una oración con ella.**

Palabra: _____

Oración: _____

Ponle título

Escribe al lado de cada título el número que se corresponde con las expresiones de la izquierda.

1 ¡Eso qué va a ser penalti! ¡Por el amor de Dios, si no le ha tocado!

2 ¡Estamos jugando la final por primera vez en nuestra historia!

3 ¡Ha sido la bomba! ¡Esto no se me va a olvidar en la vida!

4 Lolo se quedó unos segundos callado, intentando procesar aquella locura.

5 Mi equipo gana la Copa de Europa. ¡Abre las ventanillas y toca el claxon!

☐ ¡Que todo el mundo se entere!

☐ El silencio ayuda

☐ ¡Menuda injusticia!

☐ ¡Inolvidable!

☐ Siempre hay una primera vez

→ **¿Qué título te gusta más? ¿Por qué?**

Palabra intrusa

Tacha la palabra incorrecta de cada pareja.

La calle estaba • sola vacía; todo la • el mundo estaba en casa viendo el • los partido. Bueno, todas • todos menos nosotros. Como un • la televisión del escaparate • escaparates estaba sin sonido, lo único que se oían • oía a diez metros a la redonda era el • los pulso de nuestros corazones retumbando como si fuesen bombos, animando todos a unas • una a nuestro portero.

¿Cuántas veces?

Indica el número de veces que aparecen repetidos los objetos.
Utiliza solo los ojos para contar.

 .... veces    .... veces    .... veces    .... veces

¿Te adelantas al texto?

Lee este texto en voz alta sustituyendo los números
por las palabras correspondientes.

1 tiempos
2 equipo
3 delantero
4 prórroga
5 fútbol

El partido acabó en (10) y nos fuimos a la (4). Colás y yo estábamos en nuestra salsa; daba gusto ver jugar a nuestro (2). A pesar de que (8) protestó más de una vez por tener que quedarnos, le (6) gritando «¡Uyyy!» cada vez que nuestro (3) tiraba un balón al palo o perdía una (9). Me recordó a los viejos (1), cuando veíamos juntos el (5) y yo le tenía que explicar mil veces lo que era (7) de juego.

6 sorprendí
7 fuera
8 papá
9 ocasión
10 empate

AUTOEVALUACIÓN

¿Te **adelantas** al texto antes de pronunciarlo?

Valóralo del 1 al 10

1 2 3 4 5 6 7 8 9 10

Solo con los ojos

Lee las palabras de cada columna de arriba abajo.

Hemos
comenzado
la
segunda
parte
perdiendo
dos
a
cero.
En
la

primera,
creo
que
os
han
arrasado
y,
para
colmo
de
males,

nuestro
delantero
estrella
se
ha
lesionado.
¡Anda
que
no
hemos
sufrido!

➜ **¿Cómo comenzaron la segunda parte del partido?** _____

Lee las palabras varias veces fijando la vista en el punto.

vista	● puño	parte	● final	himno	● ciudad
penalti	● árbitro	correa	● suerte	equipo	● titular
actor	● novio	pulso	● bombo	final	● boca
final	● pata	salsa	● balón	claxon	● coche

➜ **¿Qué palabra se repite tres veces?** _____

Busca las palabras que no se repiten y escríbelas.

equipo	melena	empate	cabeza	noche	televisor
televisor	mascota	delantero	juego	melena	pantalla
delantero	noche	pantalla	penalti	empate	cabeza
prórroga	juego	equipo	_____	_____	_____

partido	calma	correa	portero	paladar	retrovisor
locura	himno	partido	retrovisor	susto	correa
paladar	susto	eslogan	hermano	calma	eslogan
hermano	gol	locura	_____	_____	_____

Mundial de Fútbol 2030

Lee con atención esta noticia y realiza las actividades.

EL PAÍS

4 de octubre de 2023   Edicion diaria

La FIFA decide sobre el Mundial 2030

Ladislao J. MOÑINO

La Federación Internacional de Fútbol (FIFA) ha anunciado este miércoles que concede a la candidatura de España, Portugal y Marruecos el Mundial de 2030, aunque el partido inaugural será en Montevideo (Uruguay), el primer encuentro de la selección argentina se jugará en Argentina y el inicial de la paraguaya, en Paraguay. La concesión de estos tres encuentros a la candidatura suramericana es un guiño al centenario de la primera Copa del Mundo celebrada en Uruguay en 1930. Será una Copa del Mundo en seis países, que ya están clasificados para la cita por su condición de anfitriones, y en tres continentes. España ya acogió el Mundial de 1982.

➜ **Indica si cada una de estas afirmaciones es verdadera (V) o falsa (F).**

	V	F
El partido inaugural será en Montevideo.	☐	☐
El primer encuentro de Argentina se jugará en Paraguay.	☐	☐
La noticia es de noviembre de 2023.	☐	☐
En 2030 se cumplen 75 años de la primera Copa del Mundo.	☐	☐
El Mundial de 2030 se jugará en tres continentes.	☐	☐

➜ **¿Qué significa cada letra de FIFA?**

- Federación Interequipos de Fútbol Autónomo
- Fundación Interna de Fútbol Americano
- Federación Internacional de Fútbol Asociación
- Filial Internacional de Fútbol Aficionado

➜ **¿A qué países ha concedido la FIFA la candidatura del Mundial de Fútbol de 2030?**

_____

➜ **Relaciona cada fecha con su acontecimiento.**

1982 •   • España, Portugal y Marruecos organizarán el Mundial de Fútbol.

1930 •   • España celebró un Mundial de Fútbol.

2030 •   • Primera Copa del Mundo celebrada en Uruguay.

JUEGO 6

LEE EN SILENCIO

Puedes consultar el libro las veces que lo necesites

¡Empezamos!

Lee el capítulo 13 y, después, realiza las actividades.

→ **¿Qué preparó la madre para cenar?**

a Espaguetis.

b Lasaña.

c Macarrones.

d Huevos fritos.

→ **¿Qué comida le gusta ahora a Lolo?**

a La sopa de ajo de su abuela.

b El pescado a la plancha.

c Las lentejas del comedor.

d El puré de calabaza.

→ **¿Qué estaban emitiendo en la televisión?**

a Un resumen del partido.

b Las noticias del día.

c Una película.

d Un concurso.

→ **Si su madre llama Manuel a Lolo significa que...**

a le va a dar un premio.

b le va a encargar algo.

c debe hacer la tarea del colegio.

d tiene la culpa de algo.

→ **Marca las tres afirmaciones que son verdaderas.**

☐ Enterrar la comida ahora le parece a Colás una cochinada.

☐ Colás llegó a casa con una bufanda en el cuello.

☐ Ni Lolo ni Colás probaron la cena.

☐ Colás sigue teniendo muchísimos amigos.

☐ La madre de Lolo pensaba que hablaba por el móvil de su padre.

→ **Señala tres cambios que se han producido en Colás.**

☐ Ahora, disfruta con la lectura.

☐ No le gusta enterrar la comida.

☐ Se aburre en el parque.

☐ Le gusta cantar.

☐ Habla como un humano.

☐ Sabe conducir.

→ **¿Con qué fin arranca la madre un mechón de pelo a Colás?**

_____

_____

→ **¿Qué personaje no te gustaría ser? ¿Por qué?**

_____

_____

Juega con las palabras

Busca cada palabra en la página indicada del libro. Lee el párrafo en el que está para deducir su significado.

➡ Escribe el número de la palabra a los fragmentos que completan su definición. Fíjate en el ejemplo.

1. **parranda** (página 83)
2. **canal** (página 85)
3. **encasquetar** (página 87)
4. **chaparrón** (página 87)
5. **rácana** (página 87)
6. **pringada** (página 87)
7. **majareta** (página 91)
8. **mechón** (página 92)
9. **bocina** (página 92)
10. **arrugar** (página 92)

1	Juerga bulliciosa			en la piel.
	Persona que se deja			engañar fácilmente.
	Porción de pelo		1	con un grupo.
	Loca,			produce señales acústicas.
	Riña, regaño,			se emite radio o televisión.
	Dispositivo de un vehículo que			chiflada.
	Banda de frecuencia en la que			avara.
	Crear pliegues			reciba algo negativo.
	Hacer que alguien			reprimenda.
	Tacaña,			separada del resto.

En espejo

Lee este texto y contesta a las preguntas.

—Lolo, hijo, me voy a marchar —dijo mi madre con una risita nerviosa—. Perdona si me he alterado un poco, todos hemos tenido un día lleno de emociones. Si esto nos afecta a papá y a mí, no puedo imaginarme lo que tiene que ser para un niño de tu edad... Y tú, granujilla, no vuelvas a darnos estos disgustos escapándote... —añadió, acariciando a Colás—. Eso sí, antes de irme, me tienes que prestar un poco de pelo...

—Y dicho esto, le arrancó un mechón a nuestro perro.

➡ **¿Qué dijo la madre con una risita?**

➡ **¿De qué ha estado lleno el día?**

➡ **¿Cómo llama la madre a Colás mientras lo acaricia?**

➡ **¿Qué le tiene que prestar Colás a la madre?**

➡ **¿Qué le arranca la madre a Colás?**

A ver si recuerdas

Señala las cinco palabras y las cinco oraciones que aparecen en el texto de la página anterior.

☐ hijo	☐ Lolo, hijo, me voy a marchar.
☐ lago	☐ Ha llegado tu abuelo.
☐ navío	☐ Hemos tenido un día lleno de emociones.
☐ risita	☐ Saca la tarta del congelador.
☐ pizarra	☐ ¿Cómo se llama el perro?
☐ niño	☐ No vuelvas a darnos estos disgustos escapándote…
☐ elefante	☐ Me gusta vuestra afición por el baloncesto.
☐ pelo	☐ Me tienes que prestar un poco de pelo.
☐ globo	☐ Llama a un taxi para que no lleguemos tarde.
☐ mechón	☐ Le arrancó un mechón a nuestro perro.

¡Sigue las pistas!

Averigua cuál de los cinco perros es Colás.

Su pelaje es de color verde.

Tiene los ojos abiertos.

Su collar es de color rojo.

Lleva una bufanda verde.

Pistas

1   2   3   4   5

→ Colás es el perro número ☐

Mensaje secreto

Escribe en cada espacio la letra que corresponda según esté
a la izquierda (I) o a la derecha (D) y lee un mensaje.

I			D
S	1	O
Y	2	V
E	3	R
D	4	C
L	5	A
I	6	G
U	7	Q
T	8	M
B	9	N
P	10	J

1I 1D 2I   2D 3I 3D 4I 3I   4D 1D 5I 5D 1I

¡   6I 6D 7I 5D 5I   7D 7I 3I   8I 7I   !   2I   8I 5D 8D 9I 6I 3I 9D

3I 1I 8I 1D 2I   4D 5D 8D 9I 6I 5D 9D 4I 1D

10I 3I 3D 1D   8D 3I   8I 3I 8D 1D   7D 7I 3I

10D 7I 1I 8I 1D   5D 5I   3D 3I 2D 3I 1I   4I 3I   4D 1D 8D 1D

3I 1I 8I 5D 1I   4D 5D 8D 9I 6I 5D 9D 4I 1D   8I 7I

¿Levantas la mirada?

Lee este texto como si fueras un presentador de televisión.
Alza los ojos cada vez que encuentres este signo 👁.

—¿Te das cuenta de que hablas como un humano? 👁 Se te está yendo la pinza, Colás: ¡eres un perro! 👁

—No lo tengo tan claro, Lolo. 👁 ¿Te puedes creer que ahora voy al parque y me aburro? 👁 ¡Con lo que me gustaban a mí los parques! 👁 Pues estos días he descubierto que me da igual cómo huelen los otros perros, 👁 ¿qué te parece? 👁 Resulta que ya no le encuentro la gracia... 👁

—¿Qué crees que me está pasando a mí con mis examigos? 👁 No puedo entender cómo me he pasado tanto tiempo siendo como ellos... 👁

AUTOEVALUACIÓN

Al leer, ¿diriges la **mirada** al auditorio?

Valóralo del 1 al 10

1 2 3 4 5 6 7 8 9 10

Solo con los ojos

Lee las palabras de cada etiqueta de un solo golpe de vista.

No nos   habíamos vuelto   a bañar juntos   desde que Colás

era un cachorro,   pero es que,   después de   lo que habíamos

descubierto   aquella noche,   todo el tiempo   que pudiéramos

compartir nos   parecía poco.   Creo que es   fácil de entender,

¿no?   ¿Os imagináis que   pudierais hablar   con vuestra mascota

de un día para otro?

→ **¿Desde cuándo no se habían vuelto a bañar juntos?**

_____

Lee cada pareja de palabras fijando la vista en el punto.

edad	●	casa		patas	●	dieta		lasaña	●	locura
oreja	●	horno		parque	●	lasaña		jamón	●	hombro
barrio	●	lasaña		resto	●	serio		amigo	●	vecino
bañar	●	canal		jabón	●	deber		sombra	●	bañera

→ **¿Qué palabra se repite tres veces?** _____

Escribe debajo de cada conjunto las palabras que se repiten y cuántas veces lo hacen.

perro	puerro	puerro		cama	rima	rima		baño	paño	paño
parra	perro	perro		rama	rama	rama		paño	puño	baño
perro	parra	puerro		cama	rima	cama		baño	paño	puño
puerro	puerro	parra		rima	cama	rama		paño	baño	baño
parra	parra	puerro		rama	rama	rima		baño	puño	puño

El lenguaje canino

Lee cómo se comunican los perros y realiza las actividades.

Si enseña los dientes, gruñe y mantiene una postura tensa, puede atacar.	Si bosteza o se lame la nariz, y además mueve la cola, está estresado.	Si lame a una persona con las orejas relajadas, muestra proximidad y cariño.
Si mueve las orejas hacia delante, enseña los dientes y fija la mirada, está agresivo.	Si mueve las orejas hacia atrás, mantiene la cola entre las patas y se agacha, tiene miedo.	Si mantiene las orejas relajadas y tiene los ojos entreabiertos, está tranquilo.
Si la cola está recta, las orejas erguidas el cuerpo en tensión, puede atacar.	Si la cola está baja o entre las patas, manifiesta inseguridad y miedo.	Si la cola está arriba, pero en curva, y no hay otras señales indica tranquilidad y confianza.

➡ **Señala si las siguientes afirmaciones son verdaderas (V) o falsas (F).**

V F

- La cola entre las patas indica miedo. ☐ ☐
- Enseñar los dientes es señal de querer simpatizar. ☐ ☐
- Las expresiones caninas solo sirven con otros perros, no con las personas. ☐ ☐
- Los perros manifiestan el estrés lamiéndose el hocico. ☐ ☐
- Las orejas relajadas indican tranquilidad. ☐ ☐

➡ **Señala las tres expresiones que indican que un perro puede atacar.**

☐ Enseña los dientes. ☐ Echa las orejas hacia atrás.
☐ Fija la mirada. ☐ Tiene las orejas hacia delante.
☐ Tiene la cola levantada y curva. ☐ Tiene las orejas relajadas.

➡ **Señala las tres expresiones que indican que un perro está tranquilo.**

☐ Tiene el cuerpo en tensión. ☐ Lame a la persona.
☐ Tiene la cola entre las patas. ☐ Tiene las orejas relajadas.
☐ Echa las orejas hacia atrás. ☐ Tiene la cola levantada y curva.

Organiza las ideas

Lee la oración del recuadro.

Por su tamaño, los perros se clasifican en grandes, medianos y pequeños.

➡ **Identifica en este texto...**

● El concepto central: ....

....

● Los conceptos principales: ....

....

● Las palabras de enlace: ....

....

➡ **Completa con estas ideas el mapa conceptual.**

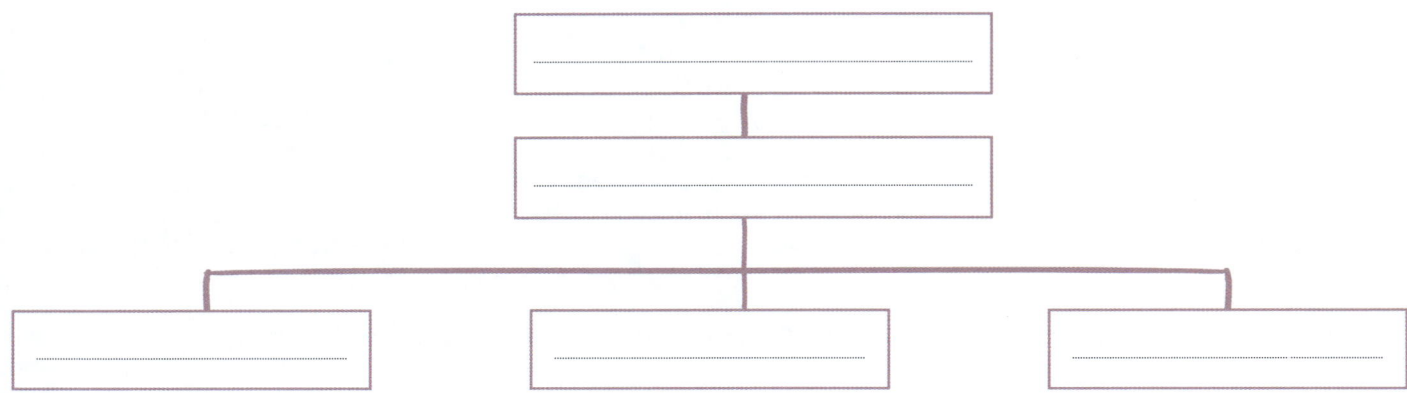

... Y al revés

➡ **Lee este mapa conceptual e intenta reconstruir el texto con tus palabras. Cuéntaselo al resto de la clase.**

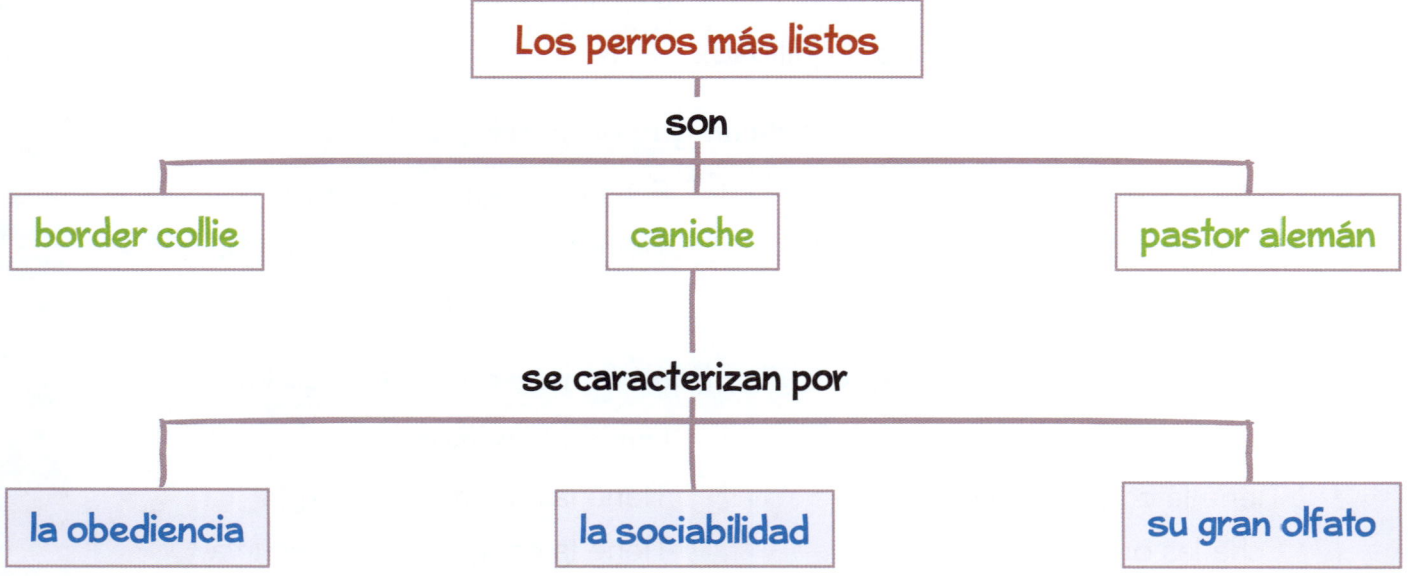

Oreja a la plancha

Presta mucha atención al texto que vas a escuchar.
Luego, realiza las actividades.

El texto está en las páginas 64 a 68 del libro

→ **¿Qué se pidió Lolo para comer?**

a Un bocadillo de calamares.
b Dos bocadillos de oreja a la plancha.
c Dos bocadillos de morro a la plancha.

→ **¿Qué le pidió el padre al camarero?**

a Cacahuetes y una naranjada.
b Patatas fritas y agua.
c Aceitunas y una limonada.

→ **Para beber, Lolo pidió...**

a un litro de agua en una palangana.
b un litro de refresco en una botella.
c cinco refrescos de cola.

→ **¿Cómo funcionaba el olfato de Lolo?**

a Como el mejor de los sabuesos.
b Muy mal, no olía nada.
c Como siempre, regular.

→ **¿Qué echaban en la tele?**

a Un partido de balonmano.
b Dibujos animados.
c El partido del Oliva.

→ **Los clientes creían que simbiosis era...**

a una enfermedad.
b un delantero del equipo.
c un tipo de comida extranjera y rara.

→ **Marca las tres afirmaciones que son verdaderas.**

☐ El padre de Lolo le esperaba a que saliese del baño.

☐ Lolo pidió que los bocadillos fuesen de oreja cruda.

☐ Un cliente pensaba que el pelo verde era por el color de su equipo.

☐ Cuando llegaron Lolo y su padre, el Oliva iba ganando el partido cuatro a cero.

☐ El camarero no se sorprendió de las peticiones de Lolo.

☐ A pesar de oler todas las farolas, Lolo no encuentra ningún rastro de Colás.

→ **Numera del 1 al 4 estas situaciones según el orden en el que suceden.**

☐ Se extrañan de no haber encontrado a Colás.

☐ En la televisión comienza la segunda parte del partido.

☐ Lolo y su padre se piden algo para comer y beber.

☐ Lolo sale del baño en un bar.

→ **Ponte en el lugar del camarero, ¿hubieses actuado como él?**

....

....

→ **Inventa un nuevo título para el texto que has escuchado.**

....

¡Empezamos!

Lee el **capítulo 14** y, después, realiza las actividades.

→ **¿Cuántos hermanos tiene Lolo?**

a Tres.
b Uno.
c Ninguno. Es hijo único.

→ **¿Cómo despertó Colás a Lolo?**

a Con ladridos.
b Con lametazos en la cara.
c Echándose encima de él.

→ **¿Qué ponía en la nota de los padres de Lolo?**

a Esperamos que os guste.
b ¡Comed despacio!
c Estaremos en el parque.

→ **Lolo quería que Colás saliera de casa para que…**

a dejase de ladrar.
b hiciese ejercicio.
c hiciese pis.

→ **Colás no quería que Lolo…**

a le llamase Nicolás.
b le pusiese el collar.
c ladrase como él.

→ **¿Qué gritaba Colás por el camino?**

a ¡Dejen paso libre!
b ¡Libertad! ¡Libertad!
c ¡Socorro, me han secuestrado!

→ **Un abogado dijo que el color de Colás…**

a podía ser un delito de maltrato animal.
b no le resultaba desagradable.
c era muy original y le gustaba.

→ **¿Qué le dijo Lolo al abogado?**

a ¡Gracias!
b Que llevaba un chándal muy moderno.
c ¡Maleducado!

→ **¿Qué tiempo hacía esa mañana?**

a Horrible, no paraba de llover.
b El sol comenzaba a calentar.
c Algo frío, pero sin viento.

→ **¿Dónde estaba la chica que los miraba?**

a Detrás de una papelera.
b Debajo de un banco.
c Oculta entre unos arbustos.

→ **¿De qué color es el pelo de la chica?**

a Verde.
b Rosa chicle.
c Amarillo.

→ **Lolo dice que la chica se llama…**

a Carmen.
b Marzo.
c Abril.

→ **¿Qué hacía la chica del parque?**

a Tomaba notas.
b Sacaba fotografías.
c Paseaba a su perro.

→ **¿A quién se le ocurre un plan para descubrir lo que quería la chica?**

a A Lolo.
b A Colás.
c Al guarda del parque.

→ **Llamaron al perro Colás porque…**

a recordaba al tío Nicolás.
b era como un pegamento.
c parecía un *collage*.

→ **¿Qué hacía la chica en su cuaderno?**

a Anotaba los tipos de pájaros que veía.
b Dibujaba a Lolo y a Colás.
c Escribía los nombres de los árboles.

Juega con las palabras

Busca cada palabra en la página indicada del libro. Lee el párrafo en el que está para deducir su significado.

→ **Escribe el número de cada palabra junto a su significado.**

1 único (página 94)

2 ensayos (página 94)

3 maltrato (página 97)

4 cotilla (página 99)

5 colina (página 99)

6 egocéntrico (página 100)

7 treta (página 101)

8 chiringuito (página 102)

9 postureo (página 103)

10 *collage* (página 105)

☐ Trato cruel a una persona o animal.

☐ Actitud poco natural que se adopta para presumir.

☐ Dicho de un hijo, que no tiene hermanos.

☐ Forma astuta de conseguir una cosa y en la que hay oculto un engaño o una trampa.

☐ Pruebas de una actuación, antes de realizarla.

☐ Elevación del terreno, menor que una montaña.

☐ Obra plástica que une fragmentos de diversos materiales.

☐ Que se considera a sí mismo como centro de atención.

☐ Quiosco o puesto de bebidas al aire libre.

☐ Persona amiga de chismes y cuentos.

→ **Señala las dos oraciones en las que la palabra resaltada se utiliza correctamente.**

☐ Soy hijo **único,** no tengo ningún hermano.

☐ Abrí la **colina** para dejar pasar la luz.

☐ El *collage* con trozos de fotografías le quedó precioso.

☐ Pasó con el caballo avanzando al **treta,** muy despacio.

→ **Elige una palabra de la actividad anterior de la que no conocías su significado o te parezca difícil. Escribe una oración con ella.**

Palabra: _____

Oración: _____

En clave

Lee el texto y elige las dos palabras que consideres más importantes para resumirlo.

> Yo soy hijo único, así que Colás es lo más parecido que tengo a un hermano. Aunque he de reconocer que no le hacía mucho caso últimamente. No sé, tenía otras cosas que hacer que me parecían más importantes que compartir mi tiempo con él.

_____   _____

➡ **Escribe un resumen del texto sin leerlo de nuevo y utilizando las dos palabras clave.**

_____

_____

_____

¿Qué falta?

Completa esta tabla con los verbos y los nombres que faltan.

Nombres	Verbos		Nombres	Verbos
ensayo				gruñir
limpio				sospechar
camino				mirar
atención				comer
paseo				jugar

➡ **Forma cuatro oraciones con algunas de las palabras anteriores.**

_____

_____

_____

_____

¡Atención!

Localiza el perro que no se repite y rodéalo.

¿Cómo entonas?

Lee en voz alta las siguientes oraciones, cada vez
con una de las cinco entonaciones del recuadro.

interrogación • exclamación • enfado • grito • pena

- Tenía muchas ganas de salir de casa.
- Era necesario llamar más la atención.
- Será mejor que nos larguemos a otra zona.
- Detrás de la papelera hay una chica que nos mira.
- Lleva el pelo de color rosa chicle.
- Pensamos un plan para descubrir qué está haciendo.

AuToeVALUACión

¿Utilizas la **entonación** adecuada en la lectura en voz alta?

Valóralo del 1 al 10

1	2	3	4	5	6	7	8	9	10

Solo con los ojos

Lee las palabras de cada etiqueta de un solo golpe de vista.

Llegamos enseguida a la colina y nos tumbamos. Hacía una mañana estupenda y el sol comenzaba a calentar. Una cosa que había descubierto era lo bien que se estaba al sol. Cerrar los ojos y notar el calorcito de sus rayos en la cara era una auténtica gozada.

➡ **¿Qué había descubierto?**

_____

Lee cada pareja de palabras fijando la vista en el punto.

ensayo ● hermano		collar ● perro		bicho ● banco
jamón ● beicon		mesa ● zumo		rana ● vía
patatas ● naranja		joven ● señor		collar ● frase
calle ● collar		pelo ● rosa		nota ● rayo

➡ **¿Qué palabra se repite tres veces?** _____

¿Cuántas veces está repetida la primera palabra de cada serie?

collar	aullar, brillar, pillar, collar, rallar, sillar, sellar, collar, colada, coleta, collar, colmar, aullar, brillar, collar, pillar, rallar, sillar, sellar, colada, coleta, collar, collar, brillar, collar.	☐
loco	coco, toco, foco, loco, zoco, poco, loco, laca, lobo, loco, lomo, loro, loto, loco, loca, coco, loco, toco, foco, zoco, loco, poco, laca, loco, lobo, lomo, loco, loro, loto, loca.	☐
rayo	bayo, rayo, payo, yayo, rayo, cayo, mayo, rayo, royo, rabo, ramo, rayo, raro, raso, rajo, rayo, rato, rayo, bayo, payo, rayo, yayo, cayo, mayo, rayo, royo, rabo, rayo, ramo, raro.	☐
nota	cota, gota, nota, jota, mota, rota, nota, zeta, jeta, meta, nota, seta, noto, nada, hora, nota, nata, cota, nota, gota, nota, jota, mota, nota, rota, zeta, jeta, nota, meta, seta.	☐
raza	caza, lazo, raza, pozo, rama, raza, rata, rana, raya, raza, rezo, rizo, rozo, raza, reza, riza, raza, roza, baza, raza, maza, taza, caza, lazo, raza, pozo, rama, raza, rata, rana.	☐

Cómo cuidar a las mascotas

Lee con atención estas normas y realiza las actividades.

LEY DE BIENESTAR ANIMAL

Estas son algunas de las obligaciones que recoge la Ley para proteger a los animales de compañía.

- Mantener a las mascotas en buen estado de limpieza e higiene.
- Tener a los animales en un alojamiento adecuado, procurándoles la compañía que precisen.
- Evitar su reproducción incontrolada.
- No dejarlos en ningún momento dentro de vehículos cerrados.
- No dejarlos atados ni que paseen por espacios públicos sin supervisión.
- Evitar que depositen sus excrementos y orines en lugares de paso habitual de otras personas.
- Facilitarles los tratamientos veterinarios establecidos como obligatorios.

→ **Indica si cada una de estas afirmaciones es verdadera (V) o falsa (F).**

	V	F
Todas las personas que tienen mascota deben cumplir estas normas.	☐	☐
El cartel recoge todas las normas de la Ley de Bienestar Animal.	☐	☐
Se permite dejar a un perro en un coche cerrado durante una hora.	☐	☐
Hay que llevar a los animales al veterinario una vez al mes.	☐	☐
La Ley se refiere solo a los animales de compañía.	☐	☐

→ **Señala las situaciones en las que la persona propietaria de un animal puede ser multada.**

- ☐ Baño a mi perro y me preocupo de su higiene.
- ☐ Cuando voy a una tienda, dejo a mi perro atado en la puerta.
- ☐ En el parque dejo suelto a mi perro y yo me doy una vuelta.
- ☐ Si no hay gente que me vea, dejo en la acera los excrementos de mi perro.
- ☐ Llevo a mi perro al veterinario para vacunar o noto que está enfermo.
- ☐ Por la noche, suelo dejar a mi perro en el balcón y durante el día lo encierro.
- ☐ No dejo a mi perro encerrado en el coche ni cinco minutos.

49

LEE EN SILENCIO

Puedes consultar el libro las veces que lo necesites

¡Empezamos!

Lee el **capítulo 15** y, después, realiza las actividades.

→ **¿Qué hacían los compañeros de Lolo?**

a Se reían y pitorreaban de él.
b Lo cuidaban con cariño.
c Aplaudirle en clase.
d Acompañarlo a casa.

→ **Si no se callaban, la profe los amenazó con...**

a quedarse sin recreo.
b poner el doble de tarea.
c llamar a sus padres.
d un examen sorpresa.

→ **¿Qué hizo Abril con las chuches?**

a Se las dio a Lolo.
b Se las llevó.
c Se las entregó a la profesora.
d Se las comió.

→ **Abril le dice a Lolo que la aguanta porque...**

a para eso le paga.
b sus padres son amigos.
c es la única amiga que tiene.
d le gusta su pelo.

→ **Numera del 1 al 5 estas situaciones según el orden en el que suceden.**

☐ Abril se lleva la bolsa de chuches.

☐ Lolo siente que todos están pendientes de él.

☐ Los padres explican a Lolo y a Colás los avances de sus investigaciones.

☐ Abril y Lolo hablan sobre su amistad.

☐ Lolo se encuentra una bolsa de chuches para perros sobre su mesa.

→ **Indica si cada una de estas afirmaciones es una opinión (O) o un hecho (H).**

	O	H
Los padres creen que con el microscopio nuevo avanzarán en la investigación.	☐	☐
Para comer había pollo guisado con patatas.	☐	☐
Lolo sentía que todos lo miraban de una forma rara.	☐	☐
Lolo piensa que Villegas es un traidor.	☐	☐
La comida se servía en bandejas.	☐	☐

→ **Si ves que hay compañeros o compañeras que se ríen de alguien y lo ridiculizan, ¿qué harías? Explica tu respuesta.**

☐ Callarte.   ☐ Hacer lo mismo y reírte.   ☐ Avisar a tu «profe».

....

....

Juega con las palabras
Ordena las sílabas y forma palabras

página 110	página 114	página 117	página 117	página 117	página 118
E cer jer	pi Pu tre	ru llo Ba	Pi o rre to	na Jor da	pe Re lús

→ **Busca cada palabra que has formado en la página indicada del libro y lee el párrafo en el que está para intentar averiguar lo que significa.**

→ **Escribe al lado de cada explicación la palabra que corresponda.**

- Repugnancia que inspira algo. _____.
- Un período de 24 horas. _____.
- Guasa o burla. _____.
- Practicar los actos propios de un trabajo. _____.
- Mueble de madera inclinado para escribir sobre él. _____.
- Desorden, mezcla de gentes o cosas. _____.

Texto partido
Lee este texto que se ha cortado. Después, contesta a las preguntas.

Papá y mamá habían cambiado radicalmente de actitud y mimaban a Colás como no lo habían hecho nunca. La posibilidad de que se volviera a escapar podía poner en peligro la investigación, y todo les parecía poco para que Colás se sintiera a gusto en nuestra casa. Pero, aunque la vida de Colás parecía haber cambiado a mejor, estaba claro que la mía había tomado la dirección contraria. Por suerte, yo ya no era el Lolo de antes. Menos mal, porque el Lolo de antes, el mejor jugador de fútbol del patio del colegio, el de la melenita al viento, el que sacaba todo sobresalientes, no hubiese soportado que sus compañeros se riesen de él. Ese Lolo estaba más acostumbrado a estar al otro lado: a reírse de compañeros que no estaban «a su altura».

→ **¿De qué habían cambiado papá y mamá?** _____

→ **¿Qué podía poner en peligro Colás si se escapaba?** _____

→ **¿Quién sacaba todo sobresalientes en el colegio?** _____

→ **¿De quién estaba Lolo acostumbrado a reírse?** _____

A ver si recuerdas

Rodea las diez palabras que no estaban en el texto de la actividad anterior.

actitud	colegio	casa	parchís
piscina	cohete	moto	jugador
sobresalientes	investigación	lechuga	hoguera
rotulador	cuadro	vida	carretera
fútbol	sonrisa	auricular	patio

Un recorrido

Sigue las indicaciones.

→ **Sitúate en el punto de salida y avanza el número de cuadros en la dirección que se indica.**

- 5 cuadros hacia el ESTE
- 2 cuadros hacia el NORTE
- 4 cuadros hacia el OESTE
- 3 cuadros hacia el NORTE
- 4 cuadros hacia el ESTE
- 3 cuadros hacia el NORTE
- 1 cuadros hacia el OESTE
- 2 cuadros hacia el NORTE
- 4 cuadros hacia el OESTE
- 3 cuadros hacia el NORTE

→ **¿A quién te has encontrado? Rodéalo.**

LOLO   COLÁS   ABRIL   PROFE

LOLO COLÁS NORTE ABRIL PROFE

OESTE

ESTE

SUR

¡Mucha atención!

Fíjate en los alimentos del primer grupo.

➡ **Escribe el nombre del alimento que falta en los grupos restantes.**

¿Cómo lees?

Lee este texto subiendo o bajando la entonación en la dirección que indique cada flecha.

—¿Crees que somos amigos?↑ ¿Dónde tienes la bolsa de chuches?↑

—Pues claro que somos amigos,↑ ¿o es que piensas que te doy parte de mi comida todos los días porque estoy a dieta?↑ Esta tarde,↑ cuando salgamos de clase,↑ me vas a explicar qué narices te está pasando y cómo rayos eres capaz de hablar con tu perro,↑ ¿de acuerdo?↑ ¡Y no pongas esa cara!↑ ¿Es que te crees que no me di cuenta el otro día?↑ ¿Ves cómo te crees todavía que los demás somos tontos?↑ Si quieres recuperar las chuches,↑ tendrás que contármelo todo.↓

AUTOEVALUACIÓN

¿Haces las **pausas** correctamente y con naturalidad?

Valóralo del 1 al 10

Solo con los ojos

Lee el texto intentando abarcar cada línea en su solo golpe de vista.

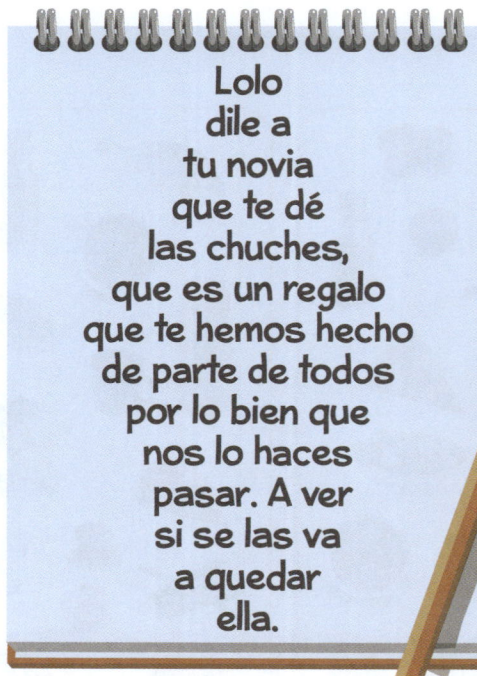

Lolo
dile a
tu novia
que te dé
las chuches,
que es un regalo
que te hemos hecho
de parte de todos
por lo bien que
nos lo haces
pasar. A ver
si se las va
a quedar
ella.

¿Qué le tiene que decir Lolo a su novia?

Lee cada pareja de palabras fijando la vista en el punto.

lunes	●	tarde
leche	●	jamón
casa	●	vida
bolsa	●	verde

bolsa	●	apodo
boca	●	agua
ración	●	huevo
olor	●	ceja

novia	●	regalo
muslo	●	bolsa
pollo	●	daño
cara	●	día

➡ **¿Qué palabra se repite tres veces?**

¿Cuántas veces están repetidos los grupos de letras que encabezan cada serie de palabras?

bra	nombrar, bañera, librar, trabajo, acabar, palabra, faltaba, brazo, bastar, abrazo, tumbar, alfombra, banco, celebrar, basta, acostumbrar, bajo, base.	
bre	cabeza, abre, deber, libre, beicon, sobre, bombero, saber, pobre, haber, liberar, hambre, beber, nombre, sorber, bebé, timbre, libertad.	
bri	abierto, cubrir, abismo, abril, habitar, brillo, agobio, descubrir, ambiente abrir, ambiguo, brincar, ambición, brisa, anfibio, alubia, abrigar, ámbito.	
bro	abono, abrochar, broca, abogar, bronce, abombar, broche, abonar, broma, abordaje, brote, aborigen, brocha, abdomen, brócoli, abolir.	

En el comedor del cole

Observa con atención el plano del comedor escolar realiza
las actividades.

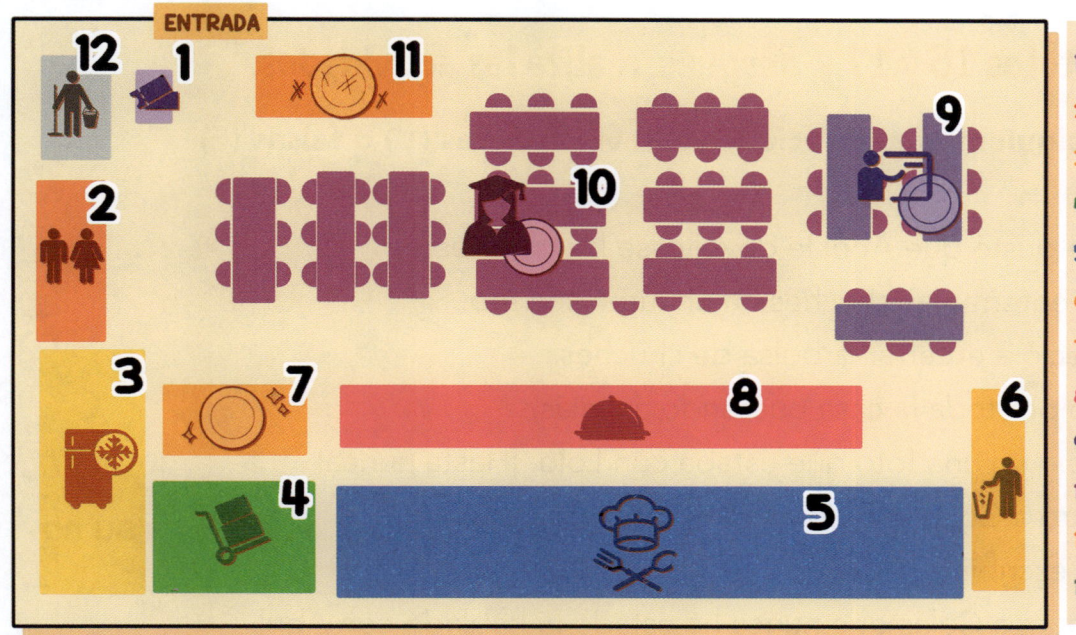

1. RECOGIDA DE TIQUES
2. ASEOS
3. FRIGORÍFICOS
4. ALMACÉN
5. COCINA
6. ZONA DE BASURAS
7. BANDEJAS LIMPIAS
8. AUTOSERVICIO
9. MESAS PROFESORADO
10. MESAS ALUMNADO
11. BANDEJAS USADAS
12. CUARTO DEL PERSONAL

→ **Indica si las siguientes afirmaciones son verdaderas (V) o falsas (F).**

V F

- En este comedor te llevan la comida a la mesa. ☐ ☐
- El profesorado y el alumnado comparten mesa. ☐ ☐
- Las bandejas limpias se recogen en la zona 7. ☐ ☐
- La zona de basuras está a continuación de la cocina. ☐ ☐
- El comedor tiene capacidad para 179 comensales. ☐ ☐

→ **Numera del 1 al 6 el orden que seguirás en el comedor.**

☐ Elegir en el autoservicio los platos, el postre y la bebida.
☐ Sentarse para comer en la zona del alumnado.
☐ Entregar el tique junto a la entrada.
☐ Depositar la bandeja, los platos y los cubiertos usados en la zona 11.
☐ Recoger el tique en la entrada.
☐ Coger la bandeja y los cubiertos.

→ **¿Qué zona se encuentra justo enfrente de la cocina?**

_____

_____

LEE EN SILENCIO

Puedes consultar el libro las veces que lo necesites

¡Empezamos!

Lee los **capítulos 16** y **17** y, después, realiza las actividades.

→ **Indica si las siguientes afirmaciones son verdaderas (V) o falsas (F).**

	V	F
A Lolo no le gustó que Abril le devolviese las chuches.	☐	☐
Lolo quería enterrar las chuches en un lugar secreto.	☐	☐
Abril se ofreció a enterrar la bolsa de chuches.	☐	☐
Lolo olfateó por toda la casa buscando a Colás.	☐	☐
Colás escribió en una foto que estaba con Lolo: ¡Hasta nunca!	☐	☐
Lolo encontró a Colás subido al árbol más alto del parque.	☐	☐
Colás sabía escribir.	☐	☐
Lolo le asegura a Colás que nunca ha estado ni hablado con Abril.	☐	☐
A Colás le encanta Abril, cree que se puede confiar en ella.	☐	☐
Lolo reconoce que le ha contado a Abril todo lo que está ocurriendo.	☐	☐
A Lolo, hablar con Abril, le da mucha paz.	☐	☐
Colás nunca ha visto una serie en la televisión.	☐	☐

→ **Relaciona con flechas cada personaje con lo que dice.**

Lolo •

Colás •

• Colás y yo ya le hemos pillado el tranquillo al verde.

• ¡Solo tú puedes oírme, Lolo! Nadie más.

• Eres un gruñón, pero ya se te pasará.

• ¿Quiere verme? Pues adelante: no le tengo miedo.

• ¿Cómo ha conseguido el teléfono de tu padre?

• A don Ofendidito ya se le ha pasado el enfado.

→ **Rodea a qué saben las chuches preferidas de Colás.**

→ **¿Qué les regala Abril a Lolo y a Colás?**

_____

Juega con las palabras

Busca cada palabra en la página indicada del libro. Lee el párrafo en el que está para deducir su significado.

➡ **Escribe el número de cada palabra junto a su significado correcto.**

1 fingir (página 122)

2 sarta (página 124)

3 retintín (página 127)

4 arbusto (página 127)

5 profundo (página 128)

6 mancillado (página 128)

7 petate (página 129)

8 entereza (página 130)

9 gruñón (página 133)

10 escarbar (página 136)

◻ Tonillo y modo de hablar para humillar a alguien.

◻ Planta leñosa de menos de cinco metros.

◻ Equipaje de una persona.

◻ Manchado, afeado.

◻ Intenso, muy vivo.

◻ Que se disgusta con frecuencia.

◻ Serie de cosas ensartadas entre sí.

◻ Remover repetidamente la tierra.

◻ Valor, fortaleza de ánimo.

◻ Dar a entender algo que no es cierto.

Señala las oraciones en las que la palabra resaltada se usa correctamente.

◻ Vestía un **petate** azul con tirantes de cuero.

◻ Era un poco **gruñón** y se disgustaba por todo.

◻ El collar está hecho con una **sarta** de piedras preciosas.

◻ Le hablaba con **retintín** para ridiculizarlo.

◻ A Colás le encanta **escarbar** la tierra con sus pezuñas.

◻ Le regalaron un **arbusto** y lo puso en un jarrón encima de la mesa.

➡ **Elige dos palabras de la actividad anterior de las que no conocías su significado o te parezcan difíciles. Escribe una oración con cada una.**

Palabra: ....

Oración: ....

Palabra: ....

Oración: ....

¡Sigue las pistas!

Averigua cuál es la bolsa de chuches de Lolo.

La bolsa de Lolo lleva...

3 chuches azules   3 chuches negras

2 chuches blancas   4 chuches amarillas   2 chuches rojas

Pistas

| 1 | 2 | 3 | 4 | 5 |

→ **La bolsa de Lolo es la número** ☐

Al completo

Completa el texto escribiendo los números correspondientes a las palabras que faltan

1. **ponía mi**
2. *play* **y comenzó**
3. **móvil conectado a**
4. **dentro del**
5. **a cada uno,**
6. **programa de**
7. **mi edad**
8. **tenía marcado**

Entonces Abril sacó un cuaderno y un ③ unos auriculares. Colás y yo nos miramos sin entender nada. Luego nos colocó los cascos, uno ☐, para que escuchásemos a la vez.

—Esta canción me la ☐ padre cuando era pequeña. Era de un ☐ televisión que él veía cuando tenía ☐ ¿Estáis listos? Bien. Porque el regalo, en realidad, está ☐ cuaderno...

Y entonces nos dio el cuaderno, le dio al ☐ a sonar la canción. Abrimos el cuaderno por donde Abril lo ☐...

¿Cuántas veces?

Cuenta las palabras en las que aparecen los grupos de letras que se indican.

comprar   EMBARGO   empezar   comportar   TAMBIÉN   empapelar
tranquilizar   cara   comunicar   cama   timbre   acompañar
tiempo   ACABAR   caso   cruzar   compartir   limpiar   fuerza   impedir
cabeza   NOMBRE   sacar   cambio   entereza   HAMBRE

za: ....   **ca:** ....   **mp:** ....   **mb:** ....

¡Os toca!

Preparad este texto para leerlo en voz alta por parejas.

Lolo	Te estás equivocando de cabo a rabo. De verdad, Abril no es el tipo de persona que creíamos. Ella nos entiende.
Colás	¿Nos entiende? Pues a mí me da muy mala espina, ya te lo dije.
Lolo	Eso es; podemos confiar en ella. Es majísima, ya verás. Además, está deseando que vayamos a merendar a su casa.
Colás	¿A su casa? Pero, tío, ¿de qué vas? ¿Qué van a pensar sus padres cuando su hija se presente acompañada de un niño con la cabeza como un arbusto y un perro verde?
Lolo	Abril dice que en su casa vale todo, que el aspecto allí no importa, que lo que importa es lo que hay dentro.
Colás	«Abril dice», «Abril dice»… Amigo, esa chica te ha lavado el cerebro.
Lolo	Para nada. De hecho, creo que puede sernos de gran ayuda. Cuando le he contado lo que nos pasa, no me ha mirado como un bicho raro.

→ **Ahora, volved a leer el diálogo cambiando de personaje.**

AUTOEVALUACIÓN

Evalúa las habilidades lectoras representadas en la tabla.

Valóralo del 1 al 10 → 1 2 3 4 5 6 7 8 9 10

Postura ☐   Mirada ☐   Velocidad ☐   Entonación ☐   Volumen ☐

Solo con los ojos

Lee las palabras de cada etiqueta de un solo golpe de vista.

Papá y mamá	nos informaron	de que el	microscopio	que habían	ido a comprar
no había llegado	a la tienda	y todavía	no podían	contar con él	para continuar
sus investigaciones.	Lamentaban	de corazón	que todo	se retrasara	
y nos agradecían	la entereza	con que	estábamos	afrontando	la situación.

➜ **¿Qué era lo que no había llegado a la tienda?** _____

Lee las palabras varias veces, fijando la vista en el punto.

secreto	●	parque		cabo	●	rabo		amigo	●	cama
camino	●	nevera		chica	●	amigo		cena	●	baño
foto	●	caja		bicho	●	collar		puerta	●	cuarto
amigo	●	padre		rancho	●	herido		clase	●	aire

➜ **¿Qué palabra se repite tres veces?** _____

Busca en la columna las soluciones.

clase	479
casa	876
bolsa	654
chuche	489
lugar	689
secreto	133
auriculares	987
instinto	122
nuevo	967
ciudad	345
idea	780
aire	376
canción	276
nota	528
caja	699
sorpresa	536
parque	145

● Escribe el número que corresponde a cada palabra.

auriculares: _____.   aire: _____.

lugar: _____.   secreto: _____.

parque: _____.   caja: _____.

● Escribe la palabra que corresponde a cada número.

276: _____.   528: _____.

479: _____.   967: _____.

122: _____.   654: _____.

Una canción

Lee la canción que ha escrito Abril y realiza las actividades.

No es fácil
ser verde.
Se piensan que eres
cualquier cosa.
Sería mejor ser rojo explosión,
amarillo chillón
o de otro color más molón.
No es fácil
ser verde.
Te confunden con la hierba
y te pisan.
Y la gente pasa a tu lado
sin verte.
Porque no reluces
como las estrellas y la luna…
Pero el verde es el color
de la primavera,

y verdes hay un montón
de cosas chuloncias.
Puedes ser grande
como una montaña,
alto como un árbol,
o importante
como el agua de un lago.
Verde soy capaz de ser…
así de guay.
Siempre preguntándome:
¿Por qué?
¿Por qué?
¿Por qué?
Soy verde.
Pero me irá bien.
Verde es mi color.
Nuestro color.
Y así queremos ser.

➡ **Indica si las siguientes afirmaciones son verdaderas (V) o falsas (F).**

	V	F
Es mejor ser rojo tomate.	☐	☐
Si eres verde te confunden con la hierba.	☐	☐
La gente pasa a tu lado sin verte.	☐	☐
Por lo menos reluces como las estrellas.	☐	☐
Verde es mi color. Nuestro color.	☐	☐

➡ **¿Cuántas veces aparece en la canción la palabra «verde» en singular?**

☐ 3   ☐ 5   ☐ 6   ☐ 8   ☐ 9

➡ **¿Qué palabra de la canción se ha inventado Abril?** _____

➡ **¿Qué significado crees que le ha podido dar?**

_____

Organiza las ideas

Lee este texto.

Una canción está, casi siempre, compuesta de versos y estrofas. A veces, también tienen estribillo. El verso es cada línea que forma la canción; la estrofa es una agrupación de versos y el estribillo lo forman uno o dos versos que se repiten y es pegadizo.

➜ **Identifica en el texto...**

- El concepto central: ....
- Los conceptos principales: ....
- Otros conceptos: ....
- Las expresiones de enlace: ....

➜ **Ahora, completa el mapa conceptual.**

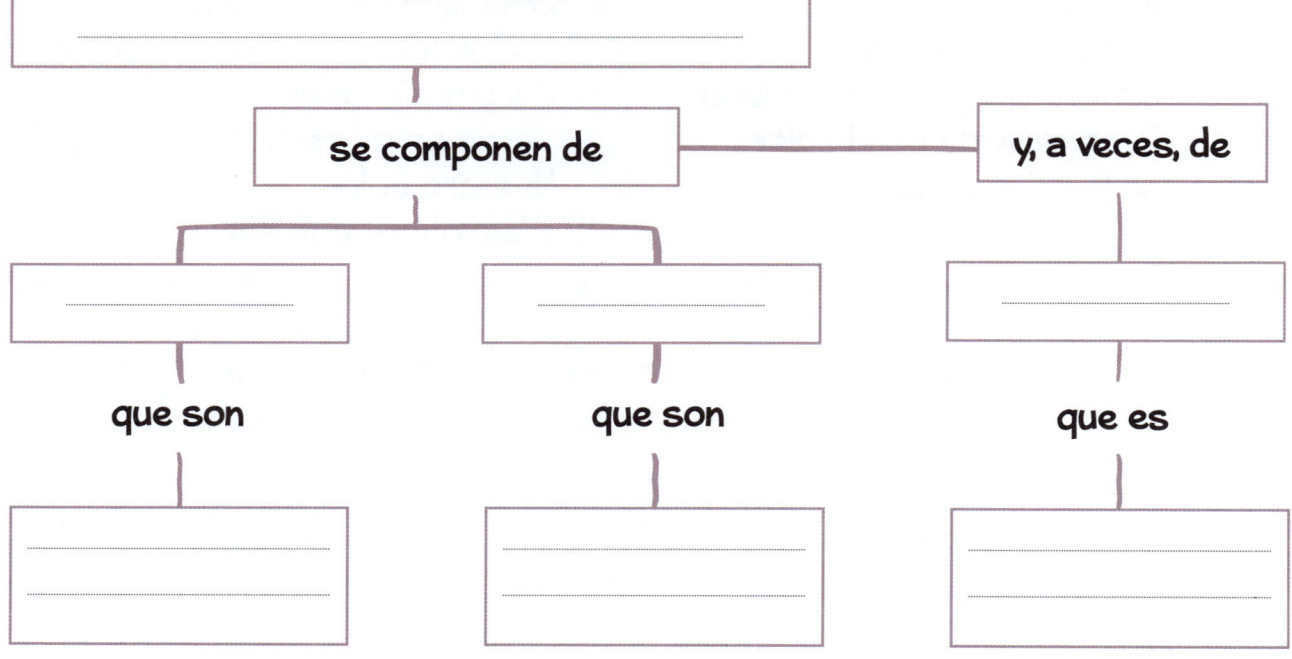

... Y al revés.

➜ **Leyendo solo el mapa conceptual, reconstruye el texto con tus palabras.**

....

....

....

➜ **Por último, cuéntaselo al resto de la clase.**

Abril encuentra a Colás, o al revés

Presta atención al texto que vas a escuchar y responde.

El texto está en las páginas 104 a 108 del libro

➜ **¿Qué le da Abril a Lolo en el comedor?**
- **a** Los postres que no se comía.
- **b** Las lentejas que le sobran.
- **c** El pan.

➜ **Abril piensa que Colás viene de…**
- **a** Nicolás
- **b** Coleta.
- **c** Col.

➜ **¿Por qué llamaron Colás al perro?**
- **a** Porque era sonoro.
- **b** Por una serie de televisión.
- **c** Porque parecía un *collage* de razas.

➜ **Lolo piensa que Abril les está…**
- **a** espiando.
- **b** fotografiando.
- **c** llamando.

➜ **A Abril se le puso la cara como…**
- **a** su camiseta amarilla.
- **b** sus pantalones verdes.
- **c** su pelo fucsia.

➜ **¿Qué hacía Abril en su cuaderno?**
- **a** Dibujar y tomar notas.
- **b** Escribir su diario.
- **c** Problemas de matemáticas.

➜ **Marca las tres afirmaciones que son verdaderas.**

- ☐ Lolo se quedó dormido sobre un banco.
- ☐ Colás fue al encuentro de Abril.
- ☐ Abril no respetaba que Lolo hablase con su perro.
- ☐ A Abril le gustaba ir los domingos por la mañana al parque.
- ☐ Abril se sonrojó cuando Lolo le preguntó por su cuaderno.

➜ **Relaciona con flechas cada personaje con lo que dice.**

Abril ●

Lolo ●

- ● Saco a mi perro de paseo.
- ● Soy la que te da las lentejas que sobran.
- ● ¿No habíamos acordado que no darías tirones?
- ● ¿Cómo se llama tu perro?
- ● Sabía que estabas espiándonos.
- ● Os estaba dibujando.

➜ **Indica si cada una de estas afirmaciones es una opinión (O) o un hecho (H).**

	O	H
Lolo cree que Abril los espía.	☐	☐
Abril cree que el nombre del perro proviene de Nicolás.	☐	☐
Abril va al parque los domingos.	☐	☐
Colás iba acompañado de su perro.	☐	☐
Abril llevó a Colás sujetando la correa.	☐	☐

En la realización de esta obra han intervenido:

Asesoría
Carlos Álvarez de Eulate

Edición
Amparo Moreno Gullón y Belén Díez Pacheco

Diseño gráfico
Cristóbal Gutiérrez Camacho

Ilustración
Marina Red Raccoon

Fotografía
123RF y colaboradores e iStock

Maquetación
Juan Pablo Mora

Los **audios** para «Escucho y Comprendo» (páginas 23, 43 y 63) están disponibles en

Las actividades de este cuaderno, que se basan en el libro *Perro Verde (1. Humor de perros)*, de Álvaro Núñez y Alberto Díaz publicado por el Grupo Anaya, están elaborados de acuerdo con los criterios psicopedagógicos y los requerimientos del Proyecto Editorial de **Juegos de Lectura - Lectura Eficaz**.

La denominación **Juegos de Lectura - Lectura Eficaz** (distintivo con gráfico) está registrada a nombre de Grupo Editorial Bruño, S. L. (marca M1567099).

© del texto: Grupo Editorial Bruño, S. L., 2024
© de esta edición: Grupo Editorial Bruño, S. L., 2024
   Valentín Beato, 21
   28037 Madrid

ISBN: 978-84-696-3555-1
Depósito legal: M-287-2024
Printed in Spain